VIVIENDO LA CUARESMA *en el hogar*

Oraciones diarias y actividades *para su* FAMILIA

Paige Byrne Shortal

LIBROS LIGUORI™
One Liguori Drive ▾ Liguori, MO 63057-9999

Imprimi Potest
Thomas D. Picton, C.Ss.R
Provincial de la Provincia de Denver
Los Redentoristas

Publicado por Libros Liguori, Liguori, MO 63057-9999
Para hacer pedidos llame al 800-325-9521.
www.librosliguori.org

Library of Congress Cataloging-in-Publication Data
En archivo

ISBN 978-0-7648-1879-0

Las citas bíblicas son de *Biblia de América*, cuarta edición 1994.

Libros Liguori, una corporación sin fines de lucro, es un apostolado de los Redentoristas.
Para más información, visite Redemptorists.com

Imágenes interiores: DesignPics, ShutterStock

Impreso en Estados Unidos de América
14 13 12 11 10 5 4 3 2 1
Primera edición

Soluciones

Página 13: 1. 40 días; 2. Moisés y Elías; 3. A una mujer, su nombre es desconocido; 4. Jerusalén; 5. Lázaro; 6. Hosanna—una alabanza que significa "Orar, sálvanos" en Hebreo; 7. A sus discípulos; 8. En Gólgota, fuera de las paredes de Jerusalén; 9. Una tumba es una excavación en tierra o roca donde se es sepultado un cadáver. La tumba de Jesús se encontró vacía porque Dios lo resucitó a una nueva vida. Página 27: No sólo de pan se vive sino de toda Palabra que sale de la boca de Dios. Página 37: "Este es mi Hijo amado, en quien me complazco." Página 67: 1. D; 2. F; 3. J; 4. E; 5. H; 6. C; 7. K; 8. B; 9. G; 10. L; 11. A; 12. I. Página 78: 1. Pascua; 2. Huevo; 3. Chocolate; 4. Dulces; 5. Conejito; 6. Cesto; 7. Gorra; 8. Jesús; 9. Busca; 10. Aleluya; 11. Lirio; 12. Resucitado

Índice de contenidos

Nota para los adultos

Queridos mamá, papá, abuelitos, tíos, tías,
padrinos y madrinas, adultos cercanos:

Este librito es para ustedes y los niños en su vida. Recuerdo cuando mis hijos eran pequeños y a veces se les hacía difícil prestar atención en Misa. Ahora que tengo nietos pequeños, vuelvo a recordarlo. Por eso en este libro se reproducen los evangelios de los domingos de Cuaresma, seguidos de una reflexión diaria sobre el mensaje del evangelio, una pregunta para la discusión, algunas veces una sugerencia de actividad y siempre una oración para hacer juntos en familia. Cada semana también hay una oración tradicional para enseñar a sus hijos y una página de actividades. (Me divirtió preparar todo esto y espero que lo disfruten).

Al escribir este libro me acordaba de las caóticas noches de escuela en que trataba de encajar las prácticas de fútbol, las tareas, las reuniones de scouts y, naturalmente, una comida decente y un baño. El encontrar tiempo para orar juntos no era siempre fácil. Rezábamos antes de las comidas (agarrados de las manos para que los más pequeños no se lanzaran a la comida sin más) y a veces sustituíamos la oración de antes de comer por una oración del momento litúrgico. A la hora de ir a la cama leíamos a nuestros niños y hacíamos las oraciones de la noche. En el carro teníamos nuestras discusiones más significativas. Por la mañana temprano yo hacía mi lectura y escritura espiritual.

La rutina es muy importante para los niños. Son personas pequeñas en un mundo enorme y complejo y la rutina les da un sentido de seguridad y orden. El saludo de la mañana de nuestro hijo siempre era "¿Qué plan hay?" Y cuando su hijita pasa la noche en nuestra casa, ese es también su saludo: "¿Qué plan hay?".

Este libro proporciona un plan para la Cuaresma. Está pensado para ser consultado todos los días. Si se saltan un día aquí o allá, regresen. Pídanle a Jesús que los ayude a ustedes y a su familia a observar la Cuaresma para estar preparados para una Pascua gloriosa. ¡Éste es el plan!

Bendita Cuaresma a ustedes y los suyos,

Paige

Nota para los niños

Queridos niños:

Quiero decirles algo para empezar: yo nunca fui una niña católica. No descubrí la iglesia hasta que ya estaba grande y por lo tanto no sé lo que es ser como ustedes. Tengo tres hijos y, cuando ellos eran pequeños, la Cuaresma les parecía algo fascinante, por lo menos al principio, y más tarde, sobre todo en la mitad, un aburrimiento. Pero si podían llegar hasta el final manteniendo sus promesas de Cuaresma...entonces se sentían muy especiales. Ahora me toca mirar a mis nietos descubrir la Cuaresma y la Pascua.

Este librito es para que ustedes y sus familias puedan tener una buena Cuaresma juntos. Los primeros días les ayudarán a decidir lo que quieren hacer en Cuaresma—lo que pueden dejar o qué cosas extras podrían hacer.

Sea lo que sea lo que decidan para su disciplina cuaresmal, acuérdense de pedirle a Jesús que los ayude a cumplir sus promesas y agradézcanle lo que él nos prometió. Espero que este librito les ayude a tener una buena Cuaresma y que cuando por fin llegue la Pascua dentro de seis semanas, ustedes se sientan muy especiales...¡porque lo son!

Que Dios los bendiga,

Nana Paige

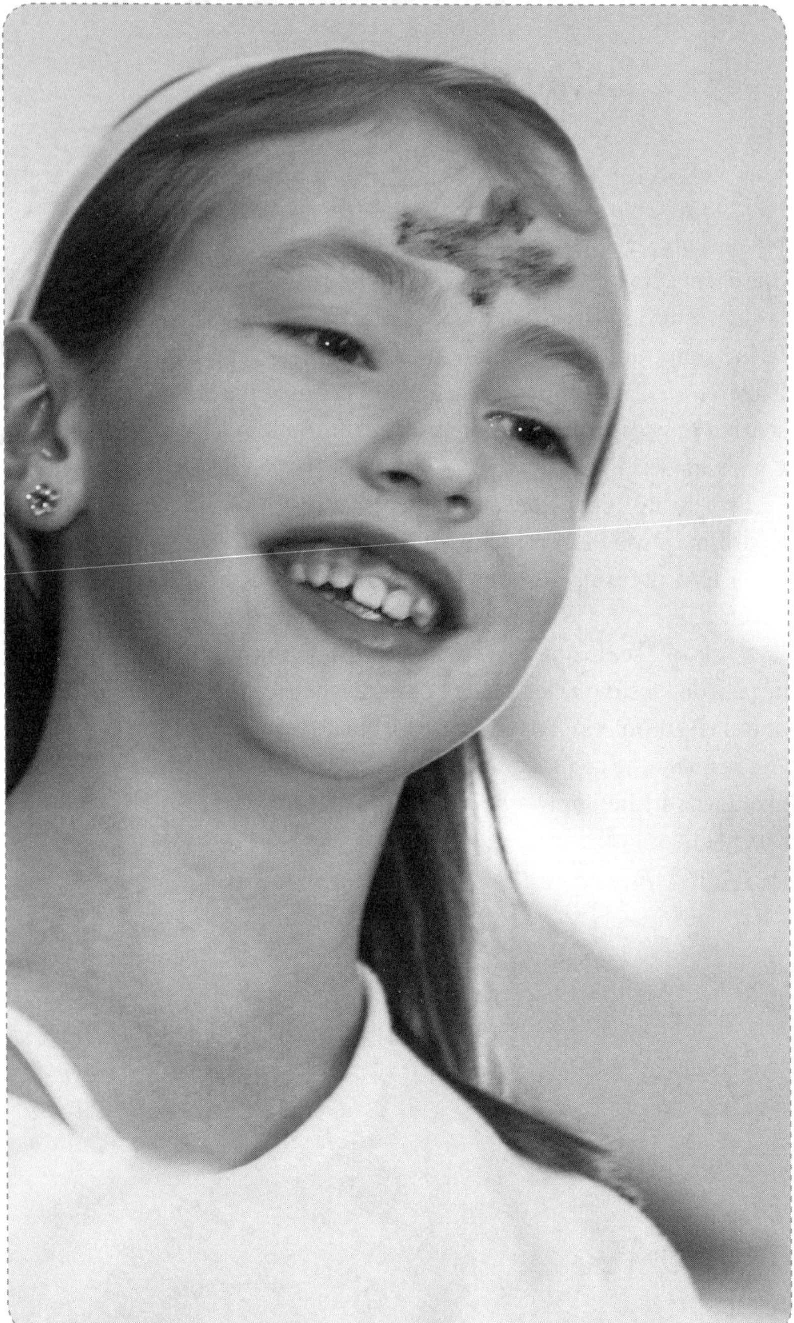

Empieza la Cuaresma

EVANGELIO DEL MIÉRCOLES DE CENIZA: MATEO 6:1–6; 16–18

Cuídense de hacer obras buenas en público solamente para que los vean; de lo contrario no serán recompensados por su Padre del cielo.

Cuando des limosna no hagas tocar la trompeta por delante, como hacen los hipócritas en las sinagogas y en las calles para que los alabe la gente. Les aseguro que ya han recibido su paga. Cuando tú hagas limosna, no sepa tu mano izquierda lo que hace tu derecha; de ese modo tu limosna quedará escondida y tu Padre, que ve en lo escondido, te lo pagará.

Cuando ustedes oren no hagan como los hipócritas, que gustan rezar de pie en las sinagogas y en las esquinas para exhibirse a la gente. Les aseguro que ya han recibido su paga. Cuando tú vayas a orar entra en tu habitación, cierra la puerta y reza a tu Padre a escondidas. Y tu Padre, que ve en lo escondido, te lo pagará.

Cuando ayunen no pongan cara triste como los hipócritas, que desfiguran la cara para hacer ver a la gente que ayunan. Les aseguro que ya han recibido su paga. Cuando tú ayunes, perfúmate la cabeza y lávate la cara, de modo que tu ayuno no lo vean los demás, sino tu Padre, que está escondido; y tu Padre, que ve en lo escondido, te lo pagará.

Miércoles de Ceniza

Para reflexionar

Lo gracioso del día de hoy—incluso si el Miércoles de Ceniza no es día de guardar—es que la iglesia está siempre llena. Un párroco bromeaba diciendo que es que la iglesia está dando algo gratis (la ceniza), pero eso no puede ser todo. Incluso los católicos que no son muy practicantes se identifican con esta señal de las cenizas. Pasamos el día con la cara sucia, admitiendo ante el mundo que no somos perfectos, que hay cosas que cambiar, que ansiamos una relación más profunda con Dios.

Los católicos están obligados a ayunar hoy. Esto significa que no comemos carne y que comemos poco—dos pequeñas comidas que son suficientes para mantenernos, pero que no nos llenan, una comida normal y nada entre comidas. Noten que estas reglas no se aplican a los niños, los ancianos, las mujeres embarazadas y lactantes, pero es buena idea inculcar esta costumbre en los niños siempre que no se ponga en peligro su salud.

Para hacer y para conversar

Vayan a Misa hoy y reciban la señal de las cenizas. Dense cuenta de que el mantel del altar es morado—el color que usa la iglesia en tiempos de penitencia. Lean cuidadosamente el evangelio de hoy e identifiquen tres elementos para guardar la Cuaresma: dar limosna a los pobres, ayudar y orar. De hecho el tiempo de Cuaresma empieza este domingo. Hoy es el principio del ayuno cuaresmal y se nos da un tiempo de preparación—varios días para reflexionar en cómo queremos observar la Cuaresma. Hablen hoy de lo que quieren dejar o añadir a la rutina familiar.

Oremos

Señor Jesús, bendícenos al empezar este camino de Cuaresma contigo para que en la Pascua podamos sentir tu resurrección en nosotros Te lo pedimos, Señor, haznos como tú.

Amén.

Jueves después del Miércoles de Ceniza

Para reflexionar

La limosna, el ayuno y la oración—estos son los tres elementos de la Cuaresma. ¿No es interesante que la mayoría de las religiones anima a estas prácticas durante sus tiempos penitenciales? Los cristianos de muchas denominaciones, judíos, musulmanes, hindús y budistas—todos observan un período de sacrificio y atención a la vida espiritual.

¿Por qué incluye la Cuaresma la caridad hacia los pobres? Quizá sea porque nuestra relación con Dios nunca es solamente de dos vías, sino que siempre incluye a los demás, especialmente a los necesitados. Jesús era muy inflexible sobre esto. En la parábola de las ovejas y los carneros (Mateo 25:31-46), Jesús nos dice que lo que hacemos por los demás lo hacemos por Él y que cuando descuidamos a los demás, es a Él a quien estamos descuidando. Este es el único sitio en el evangelio en que Jesús dice lo que hay que hacer para ir al cielo. Mmmmm....¿No será mejor que escuchemos?

Para hacer y para conversar

Crear una hucha de limosnas hoy. Puede ser una cajita o una lata que los niños puedan decorar, usando sus crayones morados abundantemente. Póngala en un lugar en que la vean y se acuerden de poner algo dentro cada día. Pidan la bendición de Dios sobre su hucha.

Oremos

Señor Jesús, bendice nuestra hucha de limosnas hoy.
Que sea signo de tu amor y de tu deseo de que nos amemos
unos a otros como tú nos amas. Y Jesús, por favor bendice
a los pobres, especialmente a quienes no tienen a nadie
que ore por ellos. Te lo pedimos, Señor, haznos como tú.
Amén.

Viernes después del Miércoles de Ceniza

Para reflexionar

"¿Qué sacrificio haces esta Cuaresma?" Me encanta escuchar lo que los niños dicen que están dejando. Uno de mis hijos presentaba una larga lista de sacrificios que pensaba hacer—que quizá duraran hasta el miércoles de Ceniza por la tarde. Su hermanito se exigía menos. Anunciaba que iba a dejar la mayonesa—que odiaba, o la carne—que nunca comía. Yo un año renuncié a la prisa. Estaba en la escuela graduada, en ministerio a tiempo completo, y era la mamá de tres niños pequeños y siempre andaba corriendo, incluso cuando no tenía a dónde ir. Se había convertido en un hábito. Renuncié a la prisa y eso fue liberador, no sólo para la Cuaresma, sino ahora, 20 años más tarde. Alguna gente deja la televisión, o los juegos electrónicos, o el chatear—cualquier cosa que amenaza con sacarte de tus deberes inmediatos y de la atención a tus seres queridos. Y, por supuesto, muchos dejan una comida favorita. A veces el sacrificio que parece más trivial es el más difícil a largo plazo. Hay una vocecita que nos dice, "Vamos, ¿qué daño puede hacer un trocito de chocolate?"

Para hacer y para conversar

Decidir hoy cómo ayunarán, orarán y darán limosna durante la Cuaresma. Hablar con la familia y dejar que cada miembro de la familia escriba sus intenciones en un papelito. Luego coloquen esos papeles en la hucha de limosnas con una oración.

Oremos

Señor Jesús, hoy prometemos compartir nuestras
bendiciones con los pobres, ayunar para poder recordar
tu sacrificio y hablar contigo—orar. Danos la gracia
de cumplir nuestras promesas cuaresmales.
Te lo pedimos, Señor, haznos como tú.
Amén.

Oración

Señal de la Cruz

El tercer elemento de la Cuaresma, además del ayuno y la limosna, es la oración. Podemos orar solos o con nuestras familias y, por supuesto, con nuestra comunidad eclesial. La Cuaresma es un buen momento de empezar una costumbre de oración.

La señal de la Cruz es la oración cristiana más básica. Es una oración de bendición, una oración de dedicación de nosotros mismos a Dios, y una oración de fe en el poder y el amor de Jesús por nosotros. Enseñen a sus hijos a hacer la señal de la cruz y anímenlos a hacerlo siempre que oren.

Normalmente usamos la mano derecha, aunque, si hace falta, se puede usar la izquierda.Primero tocamos la frente y decimos: "En el nombre del Padre". Luego tocamos en pecho por encima del corazón y decimos "y del Hijo". Y luego el hombro izquierdo, diciendo "y del Espíritu Santo". Y por último el hombro derecho, diciendo: "Amén."

A menudo hacemos la señal de la cruz también sobre la frente de nuestros hijos antes de ir a dormir por la noche, por la mañana cuando se levantan o cuando salen de casa para ir a la escuela. Es un privilegio para los padres bendecir a sus hijos, pidiéndole a Dios que los guarde seguros y en el buen camino.

Muchos hogares tienen una pila de agua bendita en la puerta, como cuando vamos a la iglesia. Cuando mojamos nuestros dedos en el agua bendita y nos persignamos, recordamos que somos cristianos bautizados y discípulos comprometidos de Jesús.

Página de entretenimiento

¡Mapa a una Pascua feliz!

La Cuaresma es un tipo de viaje con paradas a lo largo del camino. Al emprender empiezan un viaje es buena idea tener un mapa. Sigan a Jesús en este viaje a través de la Cuaresma a la Pascua.

Primera Semana de Cuaresma

Desierto—Jesús se va al desierto por 40 días para preparar su viaje.

Segundo domingo de Cuaresma

Montaña—Jesús se transfigura y conversa con Elías y Moisés.

Tercer domingo de Cuaresma

Samaria—Jesús acepta un poco de agua de una mujer en un pozo y le ofrece nueva vida.

Cuarto domingo de Cuaresma

De camino a Jerusalén. Jesús sana al joven nacido ciego.

Comprueben su conocimiento del mapa

1. ¿Cuánto tiempo estuvo Jesús en el desierto?
2. ¿A quién le habló Jesús en la montaña cuando se transfiguró?
3. ¿Quién le dio a Jesús de beber en Samaria?
4. ¿En qué pueblo sanó Jesús al ciego de nacimiento?
5. ¿Quién era el hermano de Marta y María?
6. ¿Qué gritaba la gente cuando pasaba Jesús en un burrito?
7. ¿A quién le lavó Jesús los pies?
8. ¿Dónde murió Jesús en la cruz?
9. ¿Qué es una tumba? ¿Por qué es importante que se encontrara vacía la tumba de Jesús?

Las respuestas en la página 2

Via Crucis

Introducción

Ésta es una devoción muy antigua, y sin embargo siempre parece nueva porque trata del camino personal con Jesús. Pueden hacer esta devoción en la iglesia pasando de estación en estación, o en casa. Quizá los niños quieran tener su propio libro de dibujos, uno para cada estación.

Oración después del anuncio de cada estación. ☼

Líder *Te adoramos, oh Cristo y te bendecimos*

Todos **Porque por tu santa Cruz redimiste al mundo.**

Primera estación: Jesús es condenado a muerte. ☼

Líder *Oremos. Señor Jesús, tu sufrimiento y muerte parecen injustos. Siempre parece injusto que la gente buena sufra o pierda su trabajo, o se enferme. Por favor, bendice a quienes sienten que su vida es injusta y ayúdalos a saber que tú entiendes.*

Todos **Escucha nuestra oración, Señor Jesús. Amén.**

Segunda estación: Jesús carga con su cruz. ☼

Líder *Oremos. Señor Jesús, oramos por aquellos que cargan cruces demasiado pesadas; por quienes están muy enfermos, por los que extrañan a personas que han muerto, por quienes tienen miedo, o están tristes o se sienten solos. Consuélalos y ayúdalos a llevar sus cruces.*

Todos **Escucha nuestra oración, Señor Jesús. Amén.**

Tercera estación: Jesús cae por primera vez.

Líder *Oremos. Señor Jesús, el caerse puede dar mucho miedo. En un minuto estamos arriba y de pronto estamos abajo. A veces duele. A veces la gente se ríe de ti. A veces nadie ayuda. Por favor, acércate a quienes caen hoy y ayúdalos a levantarse.*

Todos **Escucha nuestra oración, Señor Jesús. Amén.**

Cuarta estación: Jesús se encuentra con su madre.

Líder *Oremos. Señor Jesús. A veces olvidamos que tú también necesitabas a tu madre. Gracias por nuestras madres y por todos los que nos aman. Bendice a quienes no tienen madres y ayúdalos a acudir a tu madre, María, cuando necesitan consuelo.*

Todos **Escucha nuestra oración, Señor Jesús. Amén.**

Quinta estación: Simón ayuda a Jesús a llevar la cruz.

Líder *Oremos. Señor Jesús, gracias por las personas como el cirineo en nuestras vidas. Todos los que se han preocupado por nosotros y nos han ayudado cuando necesitábamos ayuda. Muéstranos cómo podemos ser como el cirineo para los demás y a recordar que tú nos pides que ayudemos a otros.*

Todos **Escucha nuestra oración, Señor Jesús. Amén.**

Sexta estación: Verónica enjuga el rostro de Jesús.

Líder *Oremos. Señor Jesús. Verónica enjugó tu pobre rostro y tu imagen se quedó en su paño. Con su bondad mostró tu rostro al mundo. Ayúdanos a nosotros también a mostrar tu rostro al mundo y hacer lo que podamos por quienes sufren.*

Todos **Escucha nuestra oración, Señor Jesús. Amén.**

Séptima estación. Jesús cae por segunda vez. ☼

Líder. Oremos. Señor Jesús, a veces sentimos que caemos una y otra vez. Prometemos ser buenos y fallamos. Prometemos trabajar más duro y no lo hacemos. Prometemos cambiar y seguimos haciendo las mismas cosas. Ayúdanos a saber que nos amas incluso cuando caemos y nos ayudas a levantarnos y a intentarlo de nuevo.

Todos. Escucha nuestra oración, Señor Jesús. Amén.

Octava estación. Jesús consuela a las mujeres de Jerusalén. ☼

Líder. Oremos. Señor Jesús, incluso cuando estabas sufriendo y cansado, te detuviste a consolar a las mujeres que estaban tan tristes. Es difícil pensar en los demás cuando no nos sentimos bien o cuando estamos preocupados o cansados. Ayúdanos a pensar en los demás cuando sólo queremos pensar en nosotros mismos.

Todos. Escucha nuestra oración, Señor Jesús. Amén.

Novena estación. Jesús cae por tercera vez. ☼

Líder. Oremos. Señor Jesús, debes haber estado tan cansado. Por favor bendice a quienes sienten que no pueden seguir adelante; los que sienten la tentación a abandonarlo todo; los que están demasiado tristes o están sufriendo demasiado. Ayúdalos a saber que tú estás con ellos.

Todos. Escucha nuestra oración, Señor Jesús. Amén.

Décima estación. Jesús es desnudado de sus vestiduras. ☼

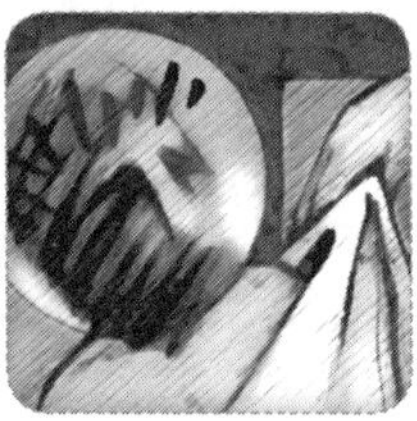

Líder. Oremos. Señor Jesús, los soldados se mofaban de ti y te golpeaban y no les importaba que te doliera. Es difícil entender que la gente pueda ser tan malvada. Por favor, haznos bondadosos para que nunca seamos malos con los demás.

Todos. Escucha nuestra oración, Señor Jesús. Amén.

Undécima estación. Jesús es clavado en la cruz. ☼

Líder. Oremos. Señor Jesús, tú perdonaste a quienes te estaban hiriendo. Ayúdanos a perdonar a las personas que nos hacen daño para que podamos vivir con corazones libres de amargura y llenos de amor.

Todos. Escucha nuestra oración, Señor Jesús. Amén.

Duodécima estación. Jesús muere en la cruz. ☼

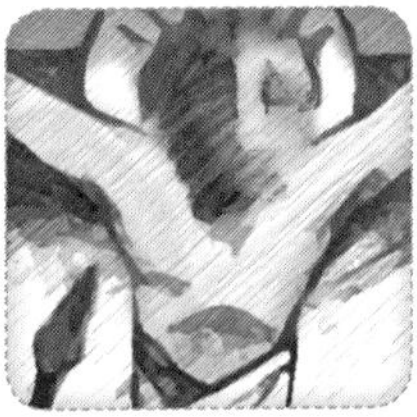

Líder. Oremos. Señor Jesús. Oramos por los que morirán hoy; los que están muy enfermos; los ancianos; los que morirán de hambre; los que morirán en una guerra. Te pedimos que estés con ellos cuando mueran y que los lleves al cielo contigo.

Todos. Escucha nuestra oración, Señor Jesús. Amén.

Décimo tercera estación. Jesús es bajado de la cruz. ☼

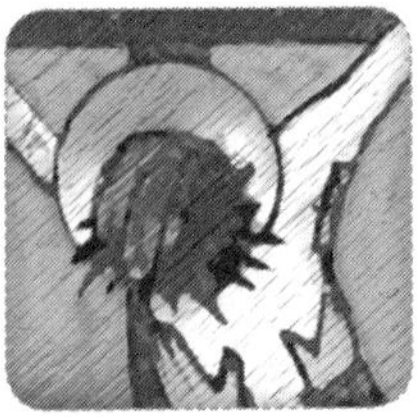

Líder. Oremos. Señor Jesús, tus amigos estaban muy tristes cuando moriste. Por favor, consuela a quienes están tristes por la ausencia de alguien que ha muerto y ayúdalos a saber que, aunque parezca que se han ido, quienes han fallecido están todavía con nosotros y nos aman.

Todos. Escucha nuestra oración, Señor Jesús. Amén.

Décimo cuarta estación. Jesús es enterrado. ☼

Líder. Oremos. Señor Jesús. Ha ocurrido lo peor. Moriste en la cruz y fue muy injusto. Luego pusieron tu cuerpo en una tumba. Pero lo mejor también ocurrió. La tumba estaba vacía el domingo de Pascua porque resucitaste a una nueva vida. Ayúdanos a recordar que a veces pueden ocurrir buenas cosas incluso cuando todo parece horrible.

Todos. Escucha nuestra oración, Señor Jesús. Amén.

Y oramos juntos: Gloria al Padre, al Hijo, y al Espíritu Santo Como era en el principio, ahora y siempre y por los siglos de los siglos. Amén.

Primera Semana de Cuaresma

EVANGELIO DEL DOMINGO: MATEO 4:1–11

Entonces Jesús, movido por el Espíritu, se retiró al desierto para ser tentado por el Diablo. Hizo un ayuno de cuarenta días con sus noches y al final sintió hambre. Se acercó el Tentador y le dijo: Si eres el Hijo de Dios, di que estas piedras se conviertan en pan.

Al Señor tu Dios adorarás.

Él contestó: Está escrito: No sólo de pan vive el hombre, sino de toda palabra que sale de la boca de Dios.

Luego el Diablo se lo llevó a la Ciudad Santa, lo colocó en la parte más alta del templo y le dijo:

Si eres Hijo de Dios, tírate abajo, porque está escrito:

Ha dado órdenes a sus ángeles sobre ti;

Te llevarán en sus manos para que tu pie no tropiece en la piedra.

Jesús respondió: "No pondrás a prueba al Señor, tu Dios. Luego el Diablo se lo llevó a una montaña altísima y le mostró todos los reinos del mundo en su esplendor, y le dijo: Todo esto te lo daré si te postras para adorarme.

Entonces Jesús le replicó: ¡Aléjate, Satanás! Que está escrito: Al Señor tu Dios adorarás y a él sólo darás culto.

De inmediato lo dejó el Diablo y unos ángeles vinieron a servirle.

Domingo: Primera semana de Cuaresma

Para reflexionar

Jesús comienza su ministerio yendo a un retiro lejos de las distracciones del mundo. Para la familia moderna el ir a un retiro no es una opción fácil, pero pueden hacer un lugar de retiro en su propia casa. Una vez pasé un mes en India y en todas las casas indias que visité había un lugar de oración. Visité a los acomodados y a los muy pobres: cristianos, hindús, budistas y musulmanes. Todos tenían sus santuarios. En los hogares donde los cónyuges eran de distintas religiones, había a menudo dos altares o, en una casa que visité, una capillita en la que Jesús y Krishna compartían un altar. El santuario familiar era el primer lugar que me mostraba mi anfitrión, siempre ofreciéndome la posibilidad de orar con ellos. Era precioso.

Para hacer y para conversar

Crear un lugar de retiro en su hogar. No tiene que ser muy complicado o elaborado. Una vela en la mesa del comedor, una imagen de la Sagrada Familia, o un crucifijo en un lugar... simplemente un sitio que los ayuda a entrar en el silencio. Tengan este librito ahí con la Biblia y quizá una vida de Jesús para niños. Reúna a la familia y pídanle a Dios que bendiga este lugar.

Oremos

Señor Jesús, envía tu espíritu a bendecir este lugar.
Que sea el centro de nuestro hogar y un lugar
al que acudir cuando el mundo parece cruel.
Te lo pedimos, Señor, haznos como tú.
Amén.

Lunes: Primera semana de Cuaresma

Para reflexionar

Jesús fue bautizado por su primo, Juan, y el Espíritu de Dios descendió sobre Jesús en forma de paloma. Después de su bautismo y antes de que Jesús comience su ministerio público, este mismo Espíritu Santo conduce a Jesús a un lugar donde será tentado por el demonio. ¿Por qué? Pensaremos en cada una de las tentaciones más tarde pero, por ahora, ¿por qué necesitaba Jesús ser tentado? Quizá era para que pudiera comprender plenamente lo que significa ser humano—ser tentado y lo difícil que es resistir la tentación. Lo difícil que es a veces ser bueno. En la carta a los Hebreos se dice: No tienen un sumo sacerdote que es incapaz de identificarse con su debilidad... (Hebreos 4:15). ¿No consuela esto? ¿Darse cuenta de que nuestro salvador entiende plenamente lo que significa ser humano?

Para hacer y para conversar

Jesús no nos pide que hagamos algo que él no hizo. Ni nosotros deberíamos pedirles a los demás que hagan algo que no hacemos nosotros. Es tentador esperar que los líderes trabajen más duro que nosotros; que nuestros párrocos y maestros sean más virtuosos; que nuestros hijos sean más disciplinados; que nuestros cónyuges sean más cariñosos; que nuestros amigos sean más leales. Hablen con la familia sobre esos momentos de "hagan lo que digo y no lo que hago" y prometan hacer lo que esperan de los demás. Por lo menos, los hará más inclinados al perdón.

Oremos

Señor Jesús, ayúdanos a vivir por la regla de vida
de tratar a los demás como queremos que nos traten.
Te lo pedimos, Señor, haznos como tú.
Amén.

Martes: Primera semana de Cuaresma

Para reflexionar

Uno de mis hijos adolescentes, cuando oyó que a Jesús se le ofreció el poder de cambiar las piedras en pan, dijo por lo bajo que Jesús debía haber aceptado el trato. Yo me sorprendí—no tanto por lo que dijo, sino porque estaba escuchando. Antes de que se pudiera volver a hundir en su silencio adolescente, le susurré: "¿Qué quieres decir?" Con la voz que se reserva para padres y tontos, contestó: "Hay mucha gente que pasa hambre en el mundo, mamá". Buen punto. ¿Qué estaría mal de aceptar el trato? Si puedes convertir las piedras en pan, ¡podrías alimentar a todo el mundo! No habría más niñitos con ojos tristes y barrigas vacías. Pero no parece que a Dios le guste hacer cosas así. Se nos anima a alimentar a quienes nos encontramos en el camino, no a todo el mundo. ¿Quién está en nuestro camino? Quizá un vecino o alguien que viene a la despensa de nuestra parroquia. Quizá un niño con quien nos encontramos en una petición en el correo o en la iglesia.

Para hacer y para conversar

Hablar sobre cómo ayudar a una persona. Una posibilidad es patrocinar a un niño, en que, por una pequeña cantidad de dinero cada mes, se puede alimentar y educar a un niño—quizá un niño de la edad de uno de la familia. Investiguen en línea o, si no tienen tiempo hoy, escriban su intención y pónganla en la hucha de limosnas.

Oremos

Señor Jesús, Tú confías en que seamos tus manos y tus pies y tu corazón en este mundo. Ayúdanos a ayudar a los demás.
Te lo pedimos, Señor, haznos como tú.
Amén.

Miércoles: Primera semana de Cuaresma

Para reflexionar

La segunda tentación es algo extraña. El demonio se lleva a Jesús al tejado más alto del templo de Jerusalén y le invita a que se arroje al vacío, porque Dios lo protegerá. ¿De qué trata esto? El demonio está sugiriendo que Jesús escriba de nuevo las reglas—tanto las reglas religiosas como poner a Dios a prueba, y las reglas de la naturaleza. A Jesús se le ofrece el poder sobre la muerte. "No tienes que sufrir", le dice Satanás a Jesús. "No tienes que morir". ¿No te sentirías tentado a aceptar el trato. Yo confieso que sí lo haría. No quiero sufrir ni quiero morir. No quiero ver a mis seres queridos sufrir y morir. Pero la muerte y a veces el sufrimiento, es parte de cómo funcionan las cosas. Es parte del plan. Hacemos lo que podemos por evitarlo pero, al final, aceptamos la invitación del Señor a convertir nuestro sufrimiento en oración y, al final, llegar a casa, con Dios.

Para hacer y para conversar

Los niños empiezan a pensar en la muerte cuando tienen cuatro o cinco años. Podrían ustedes buscar algunos libros que tratan de esto. Hay varios que yo les he leído a los niños en mi vida. En el centro Barahona, de la Universidad de California, se ofrecen al menos 35 libros para niños sobre temas de vida y muerte, el día de los muertos y cómo lidiar con una muerte en la familia o entre los seres queridos.

Oremos

Señor Jesús, Gracias por morir por nosotros.
Por favor, bendice a nuestros seres queridos que han muerto Guárdalos en tu seno y salúdalos de nuestra parte.
Te lo pedimos, Señor, haznos como tú.
Amén.

Jueves: Primera semana de Cuaresma

Para reflexionar

La tercera tentación del diablo es ofrecerle a Jesús poder político sobre todos los reinos de la tierra. Este es el tipo de poder que deseamos cuando decimos, "Si yo fuera presidente; si yo fuera el papa; si yo fuera el párroco, el director, el jefe..." o quizá, "Si gano la lotería..." ¡Piensa en cuánto bien podrías hacer! La respuesta de Jesús a cada tentación es la misma: Dios es mi único Dios. Jesús hace las cosas al modo de Dios. Y la voluntad de Dios para nosotros es hacer lo que está en nuestro poder con nuestros recursos y talentos y no desear el poder, los recursos y los talentos de los demás.

Para hacer y para conversar

Revisitar la idea de patrocinar a un niño por quien se podría hacer algo que marcara una gran diferencia. Nosotros hemos estado patrocinando a cuatro niños durante varios años ya. Recibimos cartas de ellos regularmente y les escribimos también y dejamos a nuestros nietos decorar las cartas con sus crayones. Eso significa mucho para los pequeños que saben que los adultos de su alrededor están respondiendo a la necesidad que conocen y también que tienen "un amigo especial" en un lugar muy lejano. Hoy podrían conversar sobre cómo podrían patrocinar a un niño o niña, de qué edad, y en qué lugar del mundo. Nuestro niño de seis años podría saber señalar a Guatemala o India en un globo porque ahí es donde viven "sus amigos especiales".

Oremos

Señor Jesús, tú nos das todo lo que necesitamos para hacer nuestra obra en el mundo. Ayúdanos a reconocer la tarea que nos pones delante la persona que colocas en nuestro camino. Te lo pedimos, Señor, haznos como tú. Amén.

Viernes: Primera semana de Cuaresma

Para reflexionar

¿Has sentido alguna vez la tentación de romper alguna de tus promesas de Cuaresma? ¿Cómo deberíamos lidiar con esa vocecita que nos dice, "¡Oh, vamos, puedes comerte un perrito caliente si quieres! A Dios no le importa que sea viernes"? O, "Vamos, Dios no está solo en una iglesia, no tienes que ir a misa el domingo". La mejor manera de manejar la voz del tentador es no escuchar en absoluto. Ponte las manos en los oídos y ríete. Pero, si escuchas, es probable que te rindas. Cuanto menos, habrás perdido tiempo y energía. La otra cosa que puedes hacer es reírte. Los tentadores odian que se rían de ellos. Ríete y di, "No, gracias, no lo compro". Y luego pon las manos en los oídos y canta.

Para hacer y para conversar

Es viernes así que hoy no hay carne. Uno de mis hijos odia el pescado a muerte y para él es una gran tentación comerse una hamburguesa o perrito caliente en los viernes de Cuaresma. Pobre chico, especialmente porque el resto de la familia no considera tan penitenciales los pescados fritos de la parroquia. La idea de no comer carne hoy es parcialmente comer como los pobres—no langosta o pescados caros, sino sencillamente y barato. Consideren hacer una cena sencilla y poner el dinero que ahorran en la hucha de limosnas. Si están pensando en patrocinar a un niño, averigüen qué comen los pobres de su país y traten de comer las mismas cosas los viernes de Cuaresma.

Oremos

Señor Jesús, Comiste con tus discípulos y también
con los pecadores. Siéntate a nuestra mesa hoy y
con quienes no tienen lo suficiente para comer.
Te lo pedimos, Señor, haznos como tú.
Amén.

Oración

Padrenuestro

Me sorprendió ver que el pasaje del evangelio para esta semana no dice nada sobre la oración. Estoy segura de que dice que Jesús oró durante 40 días, pero no lo dice. Una teoría—que yo creo—es que la oración es parte tan integral en la vida judía, que se da por hecho que está ahí. Y quizá ésta sea la razón por la que Jesús habla tan poco de la oración. Solamente una vez les dice a los discípulos cómo orar y luego les da la oración que conocemos como la oración del Señor, o el Padrenuestro. En 58 palabras esta oración nos ayuda a orar 1) para desear la voluntad de Dios, 2) por nuestras necesidades hoy, 3) por el perdón y la capacidad de perdonar a los demás, y 4) por la gracia de evitar el mal.

Yo una vez hice un retiro de tres días solamente con el texto del Padrenuestro. Puedes tratar de decir una línea de cada vez y, en lugar de correr por toda la oración al mismo tiempo, quedarte en cada frase y pensar en lo que significa. Enséñenles a sus hijos el Padrenuestro y díganlo con ellos todos los días, quizá como parte de sus oraciones de la noche.

Padre nuestro, que estás en los cielos
Santificado sea tu nombre
Venga a nosotros tu reino
Hágase tu voluntad
Así en la tierra como en el cielo.
Danos hoy nuestro pan de cada día
Y perdona nuestras ofensas
Como también nosotros perdonamos
A los que nos ofenden.
No nos dejes caer en tentación.
Y líbranos del mal.
Amén.

Página de entretenimiento

Criptograma: Palabras para la vida

Resuelve el código y vive de acuerdo.

A	B	C	D	E	F	G	H	I	J	K	L	M	N	O	P	Q	R	S	T	U	V	W	X	Y	Z
15	17	24	5	20	19	4	9	6	21	2	22	18	13	11	23	7	3	14	10	1	25	16	8	26	12

__ __   __ __ __ __   __ __   __ __ __
13 11   14 11 22 11   5 20   23 15 13

__ __   __ __ __ __   __ __ __ __
14 20   25 6 25 20   14 6 13 11

__ __   __ __ __ __   __ __ __ __ __ __ __
5 20   10 11 5 15   23 15 22 15 17 3 15

__ __ __   __ __ __ __   __ __   __ __
7 1 20   14 15 22 20   5 20   22 15

__ __ __ __   __ __   __ __ __ __
17 11 24 15   5 20   5 6 11 14

Solución en la página 2

Segunda Semana de Cuaresma

EVANGELIO DEL DOMINGO: MATEO 17:1–9

Seis días más tarde llamó Jesús a Pedro, a Santiago y a su hermano Juan y se los llevó aparte a una montaña elevada. Delante de ellos se transfiguró; su rostro resplandeció como el sol y su ropa se volvió blanca como la luz. De pronto se les aparecieron Moisés y Elías conversando con él. Pedro tomó la palabra y le dijo a Jesús.

Señor, ¡qué bien se está aquí! Si te parece, armaré tres chozas: una para ti, otra para Moisés y otra para Elías. Todavía estaba hablando cuando una nube luminosa les hizo sombra y de la nube salió una voz que decía: "Éste es mi Hijo querido, mi predilecto. Escúchenlo. Al oírlo los discípulos cayeron boca abajo temblando de mucho miedo. Jesús se acercó, los tocó y les dijo: "¡Levántense, no tengan miedo!" Cuando levantaron la vista sólo vieron a Jesús. Mientras bajaban de la montaña, Jesús les ordenó: "No cuenten a nadie lo que han visto hasta que el Hijo del hombre resucite de entre los muertos".

"Éste es mi Hijo querido, mi predilecto. Escúchenlo."

Domingo: Segundo semana de Cuaresma

Para reflexionar

Yo he presenciado transfiguraciones. Dirijo un coro y a veces los rostros de la gente cambian cuando cantan. Son personas corrientes y normales y de pronto resplandecen: sus ojos se llenan de luz, sus rostros brillan con la alegría de la armonía. Una vez vi a un granjero y su esposa llevar las ofrendas en la misa—los dos llevaban el pan y el vino con las manos encallecidas como algo precioso, moviéndose con la elegancia de bailarines. He mirado a la gente recibir la Comunión y a veces se hacen más resplandecientes, más suaves, más vulnerables. Y los rostros de los que se acercan a venerar la cruz el Viernes Santo—esos rostros pueden romperte el corazón. La transfiguración es lo que ocurre cuando entra un bebé en una habitación, o los enemigos se saludan, o dos personas se enamoran. La dureza, el cansancio y la precaución desaparecen y por un instante, nuestras caras brillan y somos todo lo que debemos ser.

Para hacer y para conversar

Ir a misa hoy y recordar lo que es enamorarse. Recordar cuando tuvieron en sus brazos a su bebé por primera vez. A los niños les encanta que se lo cuenten. Sacar las fotos de la boda y las fotos de bebés y mostrar a sus hijos cómo se cambia a lo largo del tiempo. Contarles la primera vez que los tuvieron en brazos y cómo se sintieron.

Oremos

Señor Jesús, ayúdame a ver tu rostro en cada persona
que me encuentre esta semana, tu obra en cada tarea
ante mí tu voluntad en cada repentino cambio de planes.
Te lo pedimos, Señor, haznos como tú.
Amén.

Lunes: Segundo semana de Cuaresma

Para reflexionar

¿Quién cambió en realidad? ¿Jesucristo, el Mesías, el Señor de señores y Rey de reyes, el que era al principio de los tiempos y será al final de los tiempos? ¿O fueron Pedro, Juan y Santiago los que cambiaron? Me puedo imaginar a Jesús caminando por las calles polvorientas de Palestina, brillando como el sol, quizá conversando con algún que otro profeta muerto ya hacía muchos años. Pero la gente no se daba cuenta. Sólo veían al hijo del carpintero. Vemos lo que queremos ver o lo que esperamos ver. Me imagino que lo que podría haber ocurrido en esa montaña fue que los ojos de los discípulos se abrieron a cómo era Jesús siempre. Se les dio una asomadita a la verdad, a una realidad más profunda. Por un solo momento, se les concedieron ojos de Resurrección.

Para hacer y para conversar

Practicar mirar con ojos de resurrección. Hoy pídanle a Jesús que les ayude a ver a otros (y a ustedes mismos) como él nos ve—como hermanos y hermanas de Jesús y de los demás. Hoy tratemos de ver sin ningún filtro oscuro de resentimiento o expectativa negativa, o con la neblina de la distracción. Entonces nos podremos ver unos a otros como somos en realidad—brillando como el sol y llenos de luz.

Oremos

Señor Jesús, ábrenos los ojos para ver tu rostro;
ábrenos los oídos para escuchar tu voz;
ábrenos los corazones para recibirnos
unos a otros como un regalo tuyo.
Ayúdanos a ver de la manera en que ves tú.
Te lo pedimos, Señor, haznos como tú.
Amén.

Martes: Segundo Semana de Cuaresma

Para reflexionar

Pedro, Santiago y Juan tuvieron una luz de lo que en realidad es Jesús. El vernos unos a otros como somos de verdad es difícil si estamos distraídos. ¿A qué miramos en lugar de unos a otros? Ray Bradbury escribió Fahrenheit 451 en los años 60. La escena se sitúa muy lejos en el futuro cuando la gente ya no podría leer, o de hecho se les prohibía que leyeran y las pantallas de televisión ocupaban toda una pared de una habitación. El objetivo de cada familia era tener pantallas en las cuatro paredes de su salón y los actores se consideraban como sus "familias del salón". Quizá ya haya llegado el futuro de Bradbury. Los niños ahora miran a niños actuando en sus enormes televisiones de plasma más de lo que juegan con los niños del vecindario. Y los padres mandan corriendo a los niños a la cama sin leerles un libro, o cantarles, o rezar las oraciones de la noche, para no perderse el show de las 8...

Para hacer y para conversar

Si su televisor está siempre encendido, traten de quitárselo un poco de vez en cuando. Empiecen por las comidas. Quizá lleven los tiempos hasta tener toda una tarde libre de televisión y por último, todo un fin de semana. Planifiquen otra cosa—hornear galletas, hacer algunas de las actividades de este libro. Pueden ver una repetición de su show favorito en cualquier otro momento. Pero no hay repeticiones con sus hijos. Es ahora o nunca.

Oremos

Señor Jesús, danos el valor de alejarnos de las distracciones incluso a riesgo de aburrirnos para que podamos comenzar a disfrutar la compañía de nuestros seres queridos.
Te lo pedimos, Señor, haznos como tú.
Amén.

Miércoles: Segundo semana de Cuaresma

Para reflexionar

Recuerdo un glorioso atardecer de verano con mis hijos pequeños en el parque. Los tres corrían muy contentos por una colina. Yo veía su silueta contra el ocaso brillante y de pronto supe que un día correrían hacia su propio futuro, no ya como niños, sino como hombres. Se me saltaron las lágrimas: de dolor y de alegría, de asombro y...miedo. Sabemos que algún día esta vida ya no será. Nuestra fe nos dice que el final no es el fin sino un nuevo comienzo. La tragedia es cuando no prestamos atención; cuando estamos demasiado distraídos para darnos cuenta y recordar el don que es hoy.

Para hacer y para conversar

Si piensan que la vida se les está pasando demasiado deprisa y no se pueden acordar de lo que hicieron la semana pasada, piensen en tener un diario de casa. Yo comencé esta práctica hace varios años. Cada noche anotaba el tiempo, cuántos huevos recogimos de nuestras gallinas, cuánto dinero gastamos y en qué, y cuáles fueron los momentos importantes del día. Guardo este diario en mi computadora e incluyo fotos. Cada mes lo imprimo y coloco las páginas en un cuaderno que le presento a mi esposo en Navidad. Nos encanta tener este record de las mejoras de nuestra casa, el crecimiento del jardín y nuestros nietos. Siento no haber empezado esta costumbre cuando mis niños eran pequeños.

Oremos

Señor Jesús, ayúdanos a darnos cuenta y apreciar todo
lo que es precioso para que cuando nos llegue la hora final
recordemos que todo lo que es bueno dura para siempre.
Te lo pedimos, Señor, haznos como tú.
Amén.

Jueves: Segundo semana de Cuaresma

Para reflexionar

¿Alguna vez se han preguntado por qué Jesús escogió a quienes escogió para ser sus apóstoles? Por ejemplo Pedro. Con todo respeto, Pedro no nos parece adecuado para el trabajo. En respuesta a la transfiguración de Jesús, Pedro balbucea sobre construir tres chozas, una para Jesús, otra para Moisés y otra para Elías. El evangelio de Lucas incluso llega a decir que Pedro no sabía de qué estaba hablando. Me pregunto si Pedro no querría de alguna manera traducir su experiencia a términos que pudiera entender él mismo. Después de todo, ahí está Jesús su amigos, iluminándose como un árbol de Navidad y conversando con dos héroes legendarios de la Biblia. Eso tenía que ser bastante impresionante, pero también confuso. A veces, cuando no podemos alcanzar algo, tratamos de mantener a Dios tan pequeño como nosotros. Decidimos lo que Dios puede perdonar y lo que es imperdonable, lo que Dios puede salvar y lo que está más allá de la salvación, lo que es posible y lo que no.

Para hacer y para conversar

Desafíen a sus hijos a un concurso de sueños. Después de exponer sus deseos de tener el último juguete electrónico, desafíenles a soñar más alto. ¿Cómo harían un mundo mejor si pudieran? ¿Si fueran Dios?

Oremos

Señor Jesús, sabemos que nuestros buenos sueños vienen de ti y nos atrevemos a soñar con una familia, vecindario, iglesia y mundo seguros, pacíficos, felices y santos para todos. Te lo pedimos, Señor, haznos como tú.
Amén.

Viernes: Segundo Semana de Cuaresma

Para reflexionar

¿Qué ocurre después de que Pedro habla de hacer tres chozas? Una voz de las nubes dice: "Cállate, Pedro. Estás errado. Éste es mi Hijo. ¡Escúchale!" (Bueno, esas no fueron las palabras exactas de la voz, pero esa era la intención. Yo experimenté una Cuaresma extrañamente pacífica el año pasado cuando perdí la voz. (Bueno, ya puedo oír a mis hijos decir al leer esto: "También fue bastante pacífica para nosotros, mamá"). De cualquier modo, perdí la voz. Totalmente. Sólo podía susurrar. My nieta tenía cinco años entonces y me contestaba susurrando. Y también algunos adultos, incluso por teléfono. Era divertido, y fue una experiencia calmante. Me encontré dándome cuenta de más cosas, escuchando más. Incluso Jesús tenía que irse de vez en cuando a la soledad a donde había silencio, y esto era antes de los teléfonos celulares, el internet, los MP3s y la televisión.

Para hacer y para conversar

¿Han pensado en apagar la televisión? Yo sé que cuando están muy acostumbrados a ella, el silencio puede ser ensordecedor. De todas maneras, inténtenlo, por lo menos durante las comidas. Si alguien protesta—y seguramente lo harán—prueben este ejercicio de matemáticas con ellos. Multipliquen el número de horas de televisión por día por 365. Divídanlo entre 24. Esto es igual a los días completos por año que pasan viendo la televisión. La familia americana media ve la televisión dos meses enteros de cada año. Si ustedes viven hasta los 75, eso es un abrumador total de 12 años viendo las vidas de otra gente. (Recuerden, hoy no hay carne).

Oremos

Señor Jesús, acalla nuestras mentes y nuestros corazones ayúdanos a no tener miedo de tiempos de silencio porque entonces podríamos oír tu voz susurrando dentro de nosotros. Te lo pedimos, Señor, haznos como tú.
Amén.

Oración

El Gloria al Padre

Henri Nouwen dijo una vez que la gente se está matando mutuamente todo el tiempo. Explicó: "No hay nadie a quien se mate con una pistola que no haya sido asesinado primero con una palabra. Y nadie es asesinado con una palabra que no haya sido asesinado primero con un pensamiento".

Espero no matar nunca intencionalmente a nadie, pero confieso que he tenido pensamientos poco amables. Si no poco amables, a menudo hay una corriente de queja dentro: "¿Por qué tiene que llover hoy? ¿Por qué siempre llega tarde? Tengo hambre. Estoy cansado. Quiero. Necesito". Y si no quejándonos, ciertamente hay mucha charla innecesaria—no muy distinta del pasaje del evangelio del domingo en que Pedro tiene que ser acallado por la voz en la nube y se le dice que escuche. ¿Cómo podemos acallar nuestras mentes lo suficiente como para escuchar la voz de Dios?

El Gloria al Padre es una oración sencilla de alabanza, o "palabra de gloria" que puede servir como un tipo de mantra o frase de centramiento. El repetirla nos recuerda que el mundo es más grande que nuestras preocupaciones inmediatas, que Dios está al mando, que lo que hacemos y decimos y pensamos debería contribuir a la gloria en el mundo, no a la melancolía encogida en que nos encontramos atrapados a veces. Enséñenles esta oración a sus hijos y traten de orarla en lugar de las cosas que piensen o digan que no ayuden a construir un mundo mejor. Un día lleno de glorias podría ser lo que el mundo necesita.

Gloria al Padre
Y al Hijo
Y al Espíritu Santo.
Como era en el principio
Ahora y siempre
Y por los siglos de los siglos.
Amén.

Página de entretenimiento

Mensaje oculto: ¿Estás escuchando?

Encuentra el mensaje del evangelio del domingo:

EM IEUNQ TSEE AMOAD NE IM JOHI

LCOOMPCZA SE

"_ _ _ _   _ _   _ _

_ _ _ _   _ _ _ _ _,

_ _   _ _ _ _ _   _ _

_ _ _ _ _ _ _ _ _."

Solución en la página 2

Tercera Semana de Cuaresma

EVANGELIO DEL DOMINGO: JUAN 4:5–21, 24.42

Nota: Durante los siguientes tres domingos podrían escuchar un evangelio distinto en la Misa. Los pasajes del Evangelio de este libro son parte del Ciclo A del calendario litúrgico que se lee al menos cada tres años, pero una parroquia católica podría leer estos evangelios del ciclo A cada año porque ponen énfasis en los temas del bautismo y la vida nueva—la vida nueva que celebramos en la Pascua.

Llegó a un pueblo de Samaria llamado Sicar, cerca del terreno que Jacob dio a su hijo José. Allí se encuentra el pozo de Jacob. Jesús, cansado del camino, se sentó tranquilamente junto al pozo. Era mediodía. Una mujer de Samaria llegó a sacar agua. Jesús le dice: Dame de beber. Los discípulos habían ido al pueblo a comprar comida. Le responde la samaritana: ¡Cómo! ¿Tú, que eres judío, me pides a mí, que soy samaritana? Los judíos no se tratan con los samaritanos. Jesús le contestó: Si conocieras el don de Dios y quién es el que te pide de beber, tú le pedirías a él y él te daría agua viva.

Le dice la mujer: Señor, no tienes con qué sacar el agua y el pozo es profundo, ¿dónde vas a conseguir agua viva? ¿Eres acaso más poderoso que nuestro padre Jacob, que nos dio este pozo, del que bebían él, sus hijos, y sus rebaños?

Le contestó Jesús: El que bebe de esta agua vuelve a tener sed; quien beba del agua que yo le daré no tendrá sed jamás, porque el agua que yo le daré se convertirá dentro de él en manantial que brota dando vida eterna.

Le dice la mujer: Señor, dame de esa agua para que no tenga sed y no tenga que venir acá a sacarla.

Le dice: llama a tu marido y vuelve acá.

Le contestó la mujer: no tengo marido.

Le dice Jesús: Tienes razón al decir que no tienes marido, porque has tenido cinco hombres y el que tienes ahora tampoco es tu marido. En eso has dicho la verdad.

Le dice la mujer: Señor, veo que eres profeta. Nuestros padres daban culto en este monte. Ustedes en cambio dicen que es en Jerusalén donde hay que dar culto.

Le dice Jesús: Créeme, mujer, llega la hora en que ni en este monte ni en Jerusalén se dará culto al Padre.

Le dice la mujer: Sé que vendrá el Mesías, es decir, Cristo. Cuando él venga, nos lo explicará todo.

Jesús le dice: Yo soy, el que habla contigo.

En esto llegaron los discípulos y se maravillaron de verlo hablar con una mujer. Pero ninguno le preguntó que buscaba o por qué hablaba con ella. La mujer dejó el cántaro, se fue al pueblo y dijo a los vecinos:

Vengan a ver a un hombre que me ha contado todo lo que yo hice: ¿No será el Mesías?

Ellos salieron del pueblo y acudieron a él. Entretanto los discípulos le rogaban: Come, maestro.

Él les dijo: Yo tengo un alimento que ustedes no conocen.

Los discípulos comentaban: ¿Le habrá traído alguien de comer?

Jesús les dice: Mi alimento es hacer la voluntad del que me envió y concluir su obra. ¿No dicen ustedes que faltan cuatro meses para la cosecha? Pero yo les digo: levanten los ojos y observen los campos que ya están madurando para la cosecha. El segador ya está recibiendo su salario y cosechando fruto para la vida eterna: así lo celebran sembrador y segador. De ese modo se cumple el refrán: uno siembra y otro cosecha. Yo los he enviado a cosechar donde no han trabajado. Otros han trabajado y ustedes recogen el fruto de sus esfuerzos.

En aquel pueblo muchos creyeron en él por las palabras de la mujer que atestiguaba: me ha dicho todo lo que hice. Los samaritanos acudieron a él y le rogaron que se quedara con ellos. Se quedó allí dos días. Y muchos más creyeron en él, a causa de su palabra. Y le decían a la mujer: Ya no creemos por lo que nos has contado, porque nosotros mismos lo hemos escuchado y sabemos que éste es realmente el salvador del mundo.

Domingo: Tercero semana de Cuaresma

Para reflexionar

Agua. La consideramos un hecho. Abran el grifo, y ahí está. No tenemos por qué pasar sed. Pensamos en las mujeres reunidas en el pozo como una práctica antigua, pero piensen en estas estadísticas publicadas por las Naciones Unidas: más de 500 millones de personas viven sin acceso a agua limpia. En esos lugares la gente—casi siempre las mujeres y los niños—caminan una media de seis kilómetros cada día para conseguir agua, a menudo de un pozo como el de la mujer en el evangelio de hoy. No era sólo en los tiempos antiguos cuando la gente llevaba el agua por grandes distancias. Mientras leemos esto, en muchos lugares del mundo hay muchas mujeres y niños que están reunidos alrededor de los pozos y se preparan para el largo camino de regreso a casa.

Para hacer y para conversar

Excepto por las necesidades diarias de leche para los pequeños—bueno, y quizá un poco de café o té para los que son cafeinómanos—ustedes seguramente beben agua. Pongan un contenedor irrompible cerca de cada gripo de la casa, incluyendo la bañera y el toilet—y cada vez que abran el grifo o tiren de la cadena, pongan un centavo en ese contenedor. (Como alternativa, pongan una hoja de papel y un lápiz y hagan una marca por cada vez que usan el agua. Cuenten las marcas al final de la semana y recojan un centavo por cada marca). Pongan el dinero que recojan en su hucha de limosnas por los pobres.

Oremos

Señor Jesús, te damos gracias por el don del agua pura
y limpia y por quienes trabajan para mantener limpia
nuestra agua. Ayúdanos a extender esta sencilla
bendición a quienes sufren por falta de agua limpia.
Te lo pedimos, Señor, haznos como tú.
Amén.

Lunes : Tercero semana de Cuaresma

Para reflexionar

En el pueblo donde está nuestra parroquia, repentinamente se pasó una orden de hervir el agua porque se había encontrado la bacteria ecoli en el agua. Muy pronto las tiendas habían agotado sus existencias de agua embotellada. Nosotros vivimos en el campo con nuestro propio pozo así que respondimos con una "fiesta de agua". Los amigos trajeron sus jarras y botellas para llenarlas y un plato de comida para compartir y nos lo pasamos muy bien. La orden de hervir duró menos de una semana, pero hizo a la gente pensar en cómo sería vivir donde no hay agua pura disponible. Muchas personas en nuestro mundo sufren y mueren de enfermedades causadas por agua contaminada y falta de sanidad. ¿No parece extraño que tengamos la tecnología para hacer tantas cosas asombrosas y no podamos encontrar un modo de proveer agua limpia para todos los niños del mundo?

Para hacer y para conversar

Para averiguar lo que hacen otras personas para proporcionar agua limpia en todas partes, entren en www.worldwater.org. Podrían pensar en participar en alguno de sus esfuerzos entre el 22 de marzo (Día Internacional del Agua) y 22 de abril (Día Mundial de la Tierra). No olviden recoger sus centavos cada vez que usan el agua.

Oremos

Señor Jesús, gracias por toda la gente buena y
apasionada que trabaja para ayudar a otros.
Queremos ser de esas personas llénanos de tu amor y
tu gracia para que podamos llegar a otros en tu nombre.
Te lo pedimos, Señor, haznos como tú.
Amén.

Martes: Tercera semana de Cuaresma

Para reflexionar

Jesús a menudo se describió a sí mismo como comida y bebida. "Pan de vida", "Agua viva". Por medio de Jesús se satisface toda hambre, todo deseo. ¿De qué tienen hambre ustedes? ¿Qué quieren de verdad? Me acuerdo de un incidente en la vida de mi hijo el mediano. Un compañero tenía tres boletos extra para un parque de atracciones. Invitó a otros tres chicos y mi hijo estaba molesto porque a él no le había invitado. La cosa graciosa es que mi hijo detestaba los parques de atracciones y no se subía a una noria aunque le pagaran. Si podemos ayudar a los jóvenes a darse cuenta de lo que quieren de verdad no se distraerían tanto con lo que piensan que es divertido o deseable. La gente que no conoce sus deseos más íntimos es como el corredor al que le preguntaron: "¿A dónde vas?" Y contestó: "No lo sé, pero estoy yendo más deprisa que tú".

Para hacer y para conversar

Planifiquen una charla con la familia sobre los deseos más profundos. Si saben que tienen que hacer un largo viaje en auto, el carro es buen lugar para la introspección. Si están en casa quizá ayude que cada uno escriba o dibuje lo que piensan sobre lo que de verdad quieren. Pídanle a Jesús que les muestre lo que está en sus corazones y que oriente sus deseos. (¡No olviden los centavos!)

Oremos

Señor Jesús, nuestros buenos sueños, nuestros deseos más íntimos, vienen de ti. Ayúdanos a conocer lo que de verdad queremos aquello para lo que nos has hecho y por lo que estamos en este mundo. Y luego ayúdanos a encontrar el camino para convertirnos en la mejor persona que podamos ser. Te lo pedimos, Señor, haznos como tú.
Amén.

Miércoles: Tercero semana de Cuaresma

Para reflexionar

¿Qué sabemos sobre la mujer del pozo? Estuvo casada varias veces—no sabemos por qué. Era la costumbre de las mujeres ir al pozo juntas a primera hora de la mañana, antes de que hiciera mucho calor, pero ella está ahí sola al mediodía, así que a lo mejor era que trataba de esquivar a las demás mujeres. Probablemente tenía mucho valor, no sólo por el modo en que habló con Jesús con tanta sinceridad, sino por algo más notable. Después de que hablara con Jesús, fue corriendo a sus vecinos y les dijo: "Vengan y vean un hombre que me ha dicho todo lo que he hecho". ¿Se pueden imaginar algo así a personas que no los trataran muy bien? Si yo me encontrara con alguien que me dijera todo lo que he hecho, seguramente no querría que nadie lo supiera. A lo mejor la mujer se sintió aliviada y feliz y no podía guardárselo para sí misma. Así nos sentimos cuando nuestros secretos al fin salen a la luz: aliviados y contentos.

Para hacer y para conversar

La Cuaresma es un tiempo en que debemos celebrar el Sacramento de la Penitencia y Reconciliación, es decir, ir a confesar. Empezar por hacer un plan de ir juntos como familia, bien a las horas normales de confesión de la parroquia o, si es posible, a un servicio comunitario de penitencia. Hoy, simplemente miren las fechas y horas y pónganlas en el calendario de la familia. (Y sigan recogiendo esos centavos).

Oremos

Señor Jesús, sabemos que te podemos decir cualquier cosa
y que aún así tú nos amas. Ayúdanos a mirar en nuestros
corazones y recordar que no todas nuestras palabras y
acciones serían algo que hicieras o dijeras tú.
Te lo pedimos, Señor, haznos como tú.
Amén.

Jueves: Tercera semana de Cuaresma

Para reflexionar

¿Por qué a veces hace cosas malas la gente buena? Incluso san Pablo escribió sobre este problema en su carta a los cristianos de Roma: No entiendo mis propias acciones. No hago lo que quiero, pero hago lo que detesto. (Romanos 7:15). El pecado es real. ¿Pero saben qué? También el perdón es real. Como católicos tenemos el sacramento de la Penitencia y la Reconciliación, comúmente conocido como confesión. Muchos católicos celebran este sacramento regularmente y no se pueden imaginar no tenerlo. Otros dudan más—algunos por temor, otros por vergüenza. Déjenme que les diga, como penitente veterana, que no hay razón para el temor. Si su párroco no es alguien que tenga muy buenos modos, vayan a un sacerdote distinto. En cuanto a la vergüenza, tráguensela. En serio, es muy poco probable que vayan a decirle a un sacerdote algo que no haya oído antes y todos somos pecadores. ¡Todos!. ¿Recuerdan la oración que decimos antes de la Comunión? "Señor, no soy digno de que entres en mi casa, pero una palabra tuya bastará para sanarme". Ninguno de nosotros somos dignos, pero todos somos amados.

Para hacer y para conversar

¿Ya han puesto la confesión en el calendario familiar? Por favor, háganlo. Si pueden encontrar una celebración comunitaria, será una gran experiencia para los niños. Ahí pueden descubrir que todo el mundo necesita buscar el perdón—sus amigos, maestros, entrenadores, todos. Planifiquen una pequeña celebración después, como ir a tomar un helado o pizza.

Oremos

Señor Jesús, danos tal fuerte deseo de ser buenos que admitamos nuestros fallos y hagamos todo lo que podamos para crecer y convertirnos en la persona que tú quieres que seamos. Te lo pedimos, Señor, haznos como tú.
Amén.

Viernes: Tercero semana de Cuaresma

Para reflexionar

Cuando hemos hecho algo mal por primera vez nos sentimos mal sobre ello. Pero la siguiente vez es más fácil y después el hacer algo mal se hace más y más fácil. Sentirse mal por hacer cosas malas es algo bueno. Si no lo hiciéramos sería que nuestra conciencia se ha hecho muy perezosa y nuestra alma estaría en peligro. Una manera de mantener nuestra conciencia en buena forma es "el examen de conciencia". Todas las noches antes de ir a la cama, pídanle a Dios que les ayude a recordar su día. Luego, si recuerdan haber hecho, dicho, o pensado algo que no deberían, díganle a Dios que lo sienten y pidan ayuda para hacerlo mejor al día siguiente. No puedo pensar en una mejor costumbre para personas muy ocupadas que quieren ser buenos padres y para los niños que se están formando para ser buenos cristianos.

Para hacer y para conversar

Apuesto a que están cansados ya de hacer una marca o poner un centavo cada vez que usan el agua, ¿no?. Si lo hicieron todos los días de esta semana, ¡Bravo!. Ahora ya lo pueden dejar. Recojan los centavos y pónganlos en la hucha de limosnas y traten de encontrar un modo de participar en los esfuerzos por proveer agua limpia a todos los niños del mundo. De ahora en adelante, cuando beban agua, digan una breve oración por quienes no tienen agua limpia y pura. (Hoy no hay carne).

Oremos

*Señor Jesús, hemos llegado al final de la semana de trabajo
más conscientes de quienes viven sin lo que nosotros damos
por hecho. Gracias por tus bendiciones danos el deseo
de compartir con los demás. Te lo pedimos, Señor,
haznos como tú.
Amén.*

Oración

Acto de contrición

La mujer del pozo sabía que era pecadora. Pero cuando se encontró con Jesús en el pozo se dio cuenta de que, no importa cuán grande fuera su pecado, el amor de Dios es aún mayor. Nos encontramos con Jesús en el sacramento de la Penitencia y ahí confesamos nuestros pecados y nos encontramos con la amorosa gracia de Dios. El acto de Contrición es parte del Sacramento de la Penitencia y es una buena oración para aprender de memoria. Hay dos versiones de esta oración. Aprendan una de memoria y guárdenla en sus corazones.

Acto de contrición tradicional

Dios mío,
Me duele haberte ofendido.
Detesto todos mis pecados
Porque temo perder el cielo y los sufrimientos del infierno
Pero sobre todo, porque te ofenden, mi Dios
Que eres bueno y mereces todo mi amor.
Hago firme propósito,
Con la ayuda de tu gracia
De confesar mis pecados
Hacer penitencia
Y cambiar mi vida.
Amén.

Acto de contrición para niños

Dios mío,
Me arrepiento de mis pecados
con todo mi corazón
Por haber hecho mal y
haber omitido el bien.
He pecado contra ti
A quien debería amar
sobre todas las cosas
Prometo intentar, con tu ayuda
Hacer penitencia,
No pecar más
Y evitar lo que me conduce
al pecado.
Amén.

Página de entretenimiento

Sopa de letras: Sedientos de Dios

Encontrar las palabras claves del evangelio del domingo.

JACOB	S	E	G	U	I	D	O	R	E	S	K	L
TESTIGO	A	E	C	D	E	F	B	O	C	A	J	L
POZO	L	B	D	D	E	F	G	H	I	M	K	L
CIUDAD	V	B	C	D	E	F	G	H	E	A	K	L
SED	A	B	C	V	E	F	G	S	I	R	K	L
SEGUIDORES	R	B	P	O	Z	O	I	H	I	I	K	R
ADORAR	S	B	C	C	J	A	C	H	I	A	A	L
SALVARSE	E	B	T	E	S	T	I	G	O	R	K	L
VOCERO	A	B	S	R	E	F	U	H	O	J	K	L
JESÚS	A	U	C	O	E	F	D	D	I	J	K	L
SAMARIA	S	A	M	A	R	I	A	G	U	A	K	L
AGUA	A	B	C	D	E	F	D	H	I	J	K	L

Solución en la página 2

Cuarta Semana de Cuaresma

EVANGELIO DEL DOMINGO: JUAN 9:1–9; 13-17; 30–41

Al pasar, vio un hombre ciego de nacimiento. Los discípulos le preguntaron: ¿Maestro, quién pecó para que naciera ciego? ¿Él o sus padres?

Jesús contestó: Ni él pecó ni sus padres; ha sucedido así para que se muestre en él la obra de Dios. Mientras que es de día, tienen que trabajar en las obras del que me envió. Llegará la noche, cuando nadie puede trabajar. Mientras estoy en el mundo, soy la luz del mundo.

Dicho esto, escupió en el suelo, hizo barro con la saliva, se lo puso en los ojos y le dijo: Ve a lavarte a la piscina de Siloé—que significa enviado. Fue, se lavó y al regresar ya veía. Los vecinos y los que antes lo habían visto pidiendo limosna comentaban: ¿no es éste el que se sentaba a pedir limosna? Unos decían: Es él. Otros decían: No es, sino que se le parece. Él respondía: soy yo.

Llevaron ante los fariseos al que había sido ciego. Era sábado el día en que Jesús hizo barro y le abrió los ojos. Los fariseos le preguntaron otra vez cómo había recobrado la vista. Les respondió: me aplicó barro a los ojos, me lavé y ahora veo. Algunos fariseos le dijeron: Ese hombre no viene de parte de Dios, porque no observa el sábado.

Otros decían: ¿Cómo puede un pecador hacer tales milagros?

Y estaban divididos. Pregun-

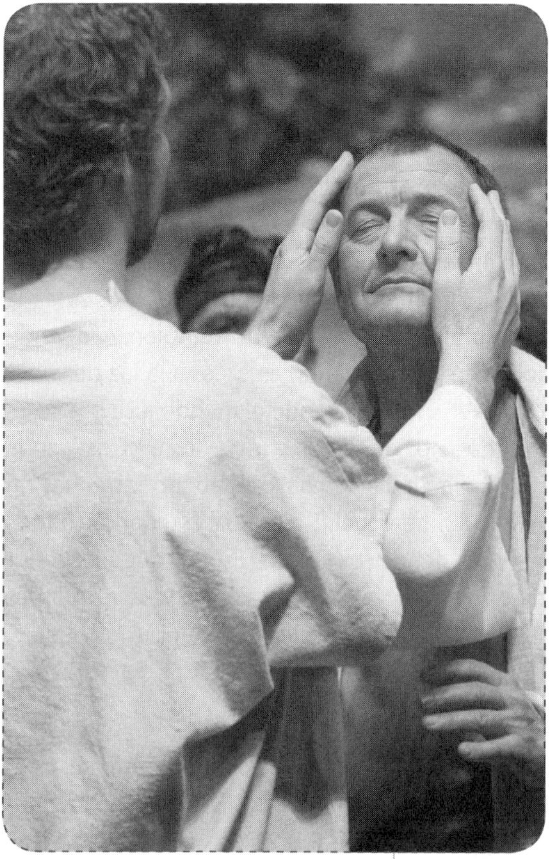

taron de nuevo al ciego: Y tú, ¿qué dices del que te abrió los ojos?.

Contestó: que es profeta.

Les respondió: eso es lo extraño, que ustedes no saben de dónde viene y a mí me abrió los ojos. Sabemos que Dios no escucha a los pecadores sino que escucha al que es piadoso y cumple su voluntad. Jamás se oyó contar que alguien haya abierto los ojos a un ciego de nacimiento. Si ese hombre no viniera de parte de Dios, no podría hacer nada.

Le contestaron: Tú naciste lleno de pecado, ¿y quieres darnos lecciones? Y lo expulsaron.

Oyó Jesús que lo habían expulsado y cuando le encontró, le dijo: ¿Crees en el Hijo del Hombre?

Contestó: ¿Quién es, Señor, para que crea en él?.

Jesús le dijo: Lo has visto: es el que está hablando contigo.

Respondió: creo, Señor.

Y se postró ante él.

Jesús dijo: He venido a este mundo para un juicio, para que los viejos vean y los que vean queden ciegos.

Algunos fariseos que se encontraban con él, preguntaron: Nosotros, ¿estamos ciegos?

Les respondió Jesús: si estuvieran ciegos, no tendrían pecado; pero, como dicen que ven, su pecado permanece.

Domingo: Cuarta semana de Cuaresma

Para reflexionar

En el mundo antiguo sólo había dos fuentes de luz: el sol y el fuego. Sin esas dos, el mundo era un lugar oscurísimo. No creo que podamos experimentar una oscuridad como esa. ¿Excepto en un armario? Ahora, incluso en medio del desierto o del océano, podemos ver reflejadas las luces de las ciudades lejanas. Se dice que Jesús es la luz del mundo. La luz de Jesús ilumina, calienta y anima también. A la luz de Jesús lucimos mejor que nunca, como cuando estamos a la luz de velas. Las partes menos agradables se suavizan y todo el mundo luce precioso. Quizá ese sea el modo en que nos debemos mirar unos a otros—en la luz más agradable posible. En la Vigilia Pascual del Sábado Santo hay un fuego y de él se enciende el cirio pascual. De este cirio gigante todo el mundo en la congregación enciende sus velitas. Espero que piensen ir este año y llevar a los niños. El pasar la luz de esa única vela a todos los demás y mirar esas caras resplandecientes es una experiencia inolvidable.

Para hacer y para conversar

Cuando nuestros hijos eran pequeños, siempre comíamos a la luz de las velas, y aun lo hacemos. Clama mucho y nos damos cuenta de que queremos seguir de sobremesa. Coman a la luz de velas hoy. (Sigan apagando la fuerte luz de la televisión mientras comen).

Oremos

Señor Jesús, tú eres la luz del mundo y
la luz de nuestras vidas.
Revélanos lo que debemos ver para
que siempre vivamos en tu luz.
Te lo pedimos, Señor, haznos como tú.
Amén.

Lunes: Cuarta semana de Cuaresma

Para reflexionar

En el evangelio del domingo, Jesús y sus discípulos se encuentran con un ciego. Los discípulos quieren saber de quién es el pecado—de él mismo o de sus padres. ¿Es que a veces no somos así? ¿Nos sentimos tentados a culpar a la víctima o a los padres de la víctima? No importa cuál sea la enfermedad o condición—cáncer, enfermedad del corazón, un accidente—queremos saber si fumaban, bebían mucho, trabajaban demasiado, comían mucho bacon, o tenían el cinturón de seguridad abrochado. A veces es verdad que somos responsables de nuestro dolor y sufrimiento. Hay medidas que podemos y debemos tomar para cuidar de nosotros mismos y de nuestros seres queridos. Pero a veces las cosas malas simplemente ocurren. Probablemente el mejor enfoque es darles a los demás el beneficio de la duda junto con nuestra compasión y preocupación. Al mismo tiempo, deberíamos mirar cuidadosamente a nuestra propia condición y, en lugar de hacernos las víctimas, preguntar lo que podríamos hacer para prevenir o curar la enfermedad.

Para hacer y para conversar

¿Hay situaciones en que se sienten tentados a culpar injustamente a la víctima? ¿Por qué hacemos esto? ¿Qué deberíamos hacer en su lugar? ¿Hay algo sobre ustedes mismos que desearían cambiar? Si es así, presenten ese deseo a Jesús y pídanle ayuda para crear un yo mejor, más sano, y más feliz.

Oremos

Señor Jesús, tú curaste al hombre ciego de nacimiento.
Abre nuestros ojos a lo que podemos hacer
para cuidar de los demás y de nosotros mismos.
Te lo pedimos, Señor, haznos como tú.
Amén.

Martes: Cuarta semana de Cuaresma

Para reflexionar

Jesús dijo que la ceguera del hombre era "para que la obra de Dios se pudiera revelar en él". Afortunadamente este ciego no estaba tan ensimismado en su propio sufrimiento que no pudiera aceptar la sanación con agradecimiento. Y cuando se vio curado, no pasó tiempo lamentando los años en que no tenía vista, sino que se regocijó en la gloria de la luz—en primer y más importante lugar, la luz del propio rostro de Jesús brillando sobre él. Eso es lo que no siempre podemos controlar—no lo que nos ocurre, sino lo que hacemos con ello y lo que entendemos en ello. Ésta fue la primera intuición de Viktor Frankl, un psiquiatra judío de Viena, superviviente del holocausto, y autor del libro titulado El hombre a la búsqueda de sentido. Frankl soportó la peor privación y crueldad y lo que le ayudó a sobrevivir fue darse cuenta de que "la última de las voluntades humanas" (la que nadie puede llevarse) "es la capacidad de escoger la propia actitud en un conjunto de circunstancias dado".

Para hacer y para conversar

Algunos niños bondadosos aprendieron a no burlarse de otros, incluso cuando alguien se había burlado de ellos. Algunos buenos padres aprendieron de malas prácticas de otros. Algunos empleados fueron despedidos y descubrieron que la nueva tarea que los esperaba era lo que desde siempre habían tenido que hacer. ¿Qué ha sido difícil o triste o cruel en tu vida que luego se ha convertido en una oportunidad de crecimiento? ¿Sabes cómo se llama cuando creces y tienes más vida después de algo difícil? Es la vida de la muerte—¡la resurrección!

Oremos

Señor Jesús, cura nuestra ceguera y abre nuestros ojos
a tu presencia en tiempos malos y buenos para que podamos
convertirnos en la persona única para la que nacimos.
Te lo pedimos, Señor, haznos como tú.
Amén.

Miércoles: Cuarta semana de Cuaresma

Para reflexionar

Hice un collage inspirado en una cita de William Morris: "No tengas en casa nada que sepas que no va a ser útil o que no creas que sea bonito". Tomé fotos de objetos ordinarios del hogar, desde ángulos distintos a los que los vemos normalmente. Hay un primer plano de una manija de puerta de cristal, la parte de atrás de una mecedora de una madera bonita, la parte de arriba de caña de una cesta, uno de los cuadros de una colcha. Quedó muy bien y ahora está en nuestro cuarto de estar. Un juego favorito de nuestros nietos es pedirles a los invitados que encuentren esos objetos en la casa. Los niños hacen mejor este juego que los mayores. Ven con mirada fresca lo que nosotros no esperamos ver con nuestros ojos maduros. Cuando Jesús nos dice que seamos como niños, creo que es este tipo de lo que quiere decir—pasar por el mundo con los ojos muy abiertos a la belleza que está a nuestro alrededor, a esperar la bondad en todas partes, a gozarnos en lo ordinario.

Para hacer y para conversar

Si tienen una cámara, podrían tratar de hacer un collage de cosas ordinarias, pero bellas, que tienen en el hogar. O traten de mirar su casa desde un ángulo distinto—desde el punto de vista de cada miembro de la familia. ¿Qué ves cuando gateas? ¿O cuando sólo mides unos tres o cuatro pies? ¿O desde una silla de ruedas? El mundo parece distinto, ¿no?

Oremos

Señor Jesús, abre nuestros ojos a un nuevo modo
de ver para que podamos reconocer la belleza
en este mundo ordinario y las bendiciones de un día normal.
Te lo pedimos, Señor, haznos como tú.
Amén.

Jueves: Cuarta Semana de Cuaresma

Para reflexionar

Un hombre estaba en el metro de Nueva York cuando se subió otro hombre con tres niños. Los niños eran un poco salvajitos—corriendo por el vagón, saltando por los asientos y molestando a los demás pasajeros. El primer hombre se estaba sintiendo más y más irritado y finalmente se acercó al padre y le preguntó: "¿Es que no ves cómo se portan tus hijos? Están molestando a todo el mundo. ¿No vas a hacer nada?". El padre de los niños miró como confuso, evidentemente acabando de darse cuenta de lo que estaba pasando. Pidió disculpas y dijo: "Lo siento mucho. Acabamos de llegar de la funeraria donde hemos estado haciendo arreglos. Mi esposa murió ayer. Me imagino que los niños están algo confusos con todo esto". Entonces llamó a los niños, que se sentaron en silencio. El primer hombre se sintió terrible, y toda su irritación se derritió, dejando paso a la preocupación. "Te acompaño en el sentimiento", dijo. "¿Puedo ayudarte en algo?"

Para hacer y conversa

A menudo nos sentimos irritados por la conducta de otros. Otro conductor se cruza por delante de nosotros. Un cajero se la pasa conversando por teléfono mientras esperamos. Un cliente es maleducado. Un maestro grita sin razón. Algún niño está siempre molestando a los demás. Identifiquen un caso de conducta irritante en otros y entonces enumeren cinco razones por las que la persona podría estar portándose así. La práctica de imaginarse razones para la conducta de la gente es buena para inculcarla a nuestros hijos.

Oremos

Señor Jesús, abre los ojos de nuestra imaginación para
ayudarnos a ver a los demás como tú los ves. Y darles
el beneficio de la duda cuando su conducta nos hiere.
Te lo pedimos, Señor, haznos como tú.
Amén.

Viernes: Cuarta Semana de Cuaresma

Para reflexionar

Un rabino les hizo una pregunta a sus discípulos: "¿Cuándo termina la noche y empieza el día?" "Cuando hay suficiente luz como para caminar sin necesidad de una linterna", dijo uno. "Cuando se puede ver a alguien que se acerca desde la distancia", dijo otro. "Cuando las estrellas desaparecen del cielo", añadió un tercero. El rabino sacudió la cabeza: "Cuando miras a un extraño", dijo, "y lo reconoces como tu querido hermano o hermana. Sólo entonces ha comenzado el día". Cada persona con la que nos encontramos está puesta en nuestro camino por Dios. Si escuchamos atentamente, quizá podamos escuchar a Dios presentándonos: "Esta es mi amada hija, mi amado hijo. Me alegraría tanto si ustedes se quisieran".

Para hacer y para conversar

Cuando nos miramos unos a otros con ojos de resurrección, vemos a las personas como las ve Jesús. Prueben a mirar así, particularmente a personas que no les caen muy bien, o a aquellas a las que en realidad no ven: el cartero, el otro conductor, la persona que está detrás de nosotros en una línea. ¿Cómo puedes practicar este nuevo tipo de mirar? ¿Hay alguien a quien no has reconocido o apreciado? ¿Alguien a quien estás esquivando? ¿Alguien a quien no perdonas? Haz planes para cambiar eso, ¿no?

Oremos

Señor Jesús, abre mis ojos para ver tu rostro en cada persona con quien me encuentre hoy, tu voluntad en cada tarea ante mí y dame la gracia de hacer las cosas como tú las harías.
Te lo pedimos, Señor, haznos como tú.
Amén.

Oración

Ave maría

Jesús curó al ciego de nacimiento, dándole no sólo la vista para ver el mundo a su alrededor, sino también la gracia para ver a Jesús como es en realidad.

De todos los seres humanos que jamás hayan vivido, la madre de Jesús, María, lo vió con mayor claridad—su hijo, el Dios Hombre, Jesús. Oramos a María para ayudarnos a ver claramente, para encontrar a Jesús en los rostros de los demás; para encontrar hermanos y hermanas incluso entre nuestros enemigos. Para encontrar el amor creativo de Dios en el mundo a nuestro alrededor.

Podemos orar a todos los santos y a todos los que nos precedieron, incluyendo a nuestros seres queridos que han muerto, pidiéndoles que intercedan y oren por nosotros. Enseñen a sus hijos que pueden pedirle a María que ore por ellos, y ayúdeles a aprender de memoria esta oración que comienza con el saludo del ángel.

Dios te salve, María,
Llena eres de gracia
El Señor es contigo
Bendita tú eres entre todas las mujeres
Y bendito es el fruto de tu vientre, Jesús.
Santa María, Madre de Dios
Ruega por nosotros, pecadores
Ahora y en la hora de nuestra muerte.
Amén.

Página de entretenimiento

Un pez era el símbolo de Jesús en la primitiva iglesia.

¿Qué tal son tus ojos? ¿Están tus ojos abiertos para encontrar a Jesús en todo lugar? ¿Puedes encontrar un pez escondido en la imagen de más abajo? *(Pista: hay doce de ellos, uno por cada uno de los primeros apóstoles. Objetos escondidos: encuentra los pescaditos.)*

Quinto domingo de Cuaresma

EVANGELIO DEL DOMINGO: JUAN 11:3–7, 17, 20–27, 33–45

Marta y María le enviaron un mensaje a Jesús: Señor, tu amigo está enfermo.

Al oírlo, Jesús comentó: esta enfermedad no ha de terminar en la muerte; es para la gloria de Dios, para que el Hijo de Dios sea glorificado por ella.

Jesús era amigo de Marta, de su hermana y de Lázaro. Sin embargo, cuando oyó que estaba enfermo, prolongó su estadía dos días en el lugar. Después dice a los discípulos: vamos a volver a Judea.

Cuando Jesús llegó encontró que Lázaro llevaba cuatro días en el sepulcro.

Cuando Marta oyó que Jesús llegaba, salió a su encuentro, mientras que María se quedaba en casa. Marta dijo a Jesús: Si hubieras estado aquí, Señor, mi hermano no habría muerto. Pero yo sé que lo que pidas, Dios te lo concederá.

Le dice Jesús: tu hermano resucitará.

Le dice Marta: sé que resucitará en la resurrección del último día. Jesús le contestó: yo soy la resurrección y la vida. Quien cree en mí, aunque muera vivirá. Y quien vive y cree en mí no morirá para siempre. ¿Lo crees?

Le contestó: Sí, Señor, yo creo que tú eres el Mesías, el Hijo de Dios, el que había de venir al mundo.

Jesús al ver llorar a María y también a los judíos que la

adelante. Jesús dice: Retiren la piedra.

Le dice Marta, la hermana del difunto: Señor, huele mal, ya lleva cuatro días muerto.

Le contesta Jesús: ¿no te dije que si crees verás la gloria de Dios?

Retiraron la piedra. Jesús alzó la vista al cielo y dijo: Te doy gracias, Padre, porque me has escuchado. Yo sé que siempre me escuchas, pero lo he dicho por la gente que me rodea, para que crean que tú me enviaste.

Dicho esto, gritó con fuerte voz: Lázaro, sal fuera.

acompañaban, se estremeció por dentro y dijo muy conmovido: ¿Dónde lo han puesto?

Le dicen: Ven, Señor y lo verás.

Jesús se echó a llorar. Los judíos comentaban: ¡Cómo lo quería!

Pero algunos decían: El que abrió los ojos al ciego, ¿no pudo impedir que éste muriera?

Jesús, estremeciéndose de nuevo, se dirigió al sepulcro. Era una caverna con una piedra

Salió el muerto con los pies y las manos sujetos con vendas y el rostro envuelto en un sudario. Jesús les dijo: desátenlo para que pueda caminar.

Muchos de los judíos que habían ido a visitar a María y vieron lo que hizo creyeron en él. Pero algunos fueron y contaron a los fariseos lo que había hecho Jesús.

Domingo: Quinto Semana de Cuaresma

Para reflexionar

El grito de protesta de Marta al Señor es conmovedor: "Señor, si hubieras estado aquí mi hermano no habría muerto". Es decir, "¿Dónde estabas cuando te necesitaba?" Este es el llanto de los padres por su niño que sufre, el de un niño que pierde a su mascota, o el de la familia con problemas, alguien cuyo ser amado muere repentinamente. "¿Dónde estabas?" Más tarde en la historia, Jesús está tan conmovido por el dolor de Marta y sus amigos que "está angustiado" y él también llora. Y ahí es exactamente donde está Jesús cuando estamos sufriendo. Está a nuestro lado, compartiendo nuestro dolor. Somos afortunados que nuestro salvador es alguien que llora con nosotros.

Para hacer y para conversar

Si conocen a alguien que ha perdido a un ser querido o ha recibido malas noticias recientemente, hagan planes de enviarle una tarjeta. Una nota de simpatía en un momento de dolor puede significar mucho. ¿Qué tal vas con tus promesas cuaresmales? Estamos llegando al final ya—sólo dos semanas más. Habla hoy con tu familia sobre cómo vas y, si estás relajándote, renueva tus promesas.

Oremos

Señor Jesús, cuando estamos tristes o abrumados a veces
tenemos la tentación de pensar que nos has olvidado.
Ayúdanos a sentir tu presencia con nosotros cuando
más necesitamos un amigo y por favor, quédate
con los que necesitan consuelo hoy.
Te lo pedimos, Señor, haznos como tú.
Amén.

Lunes: Quinto semana de Cuaresma

Para reflexionar

¿Conocen este viejo chiste? El doctor le dice al paciente: "Hay buenas noticias y malas noticias. La buena noticia es que te vas al cielo. La mala noticia es que te vas el jueves". ¿No parecería que deberíamos vivir nuestras vidas dispuestos a la muerte? Es la única cosa segura—bueno, una de las dos: muerte e impuestos. (Eso también es un chiste viejo). Debemos vivir dispuestos a ser recibidos en el cielo en cualquier momento. La muerte da miedo—incluso Jesús lo pensó al orar en el huerto. La muerte es triste—incluso Jesús lo pensó al decir adiós a sus amigos. Pero la muerte es parte de la vida y, por mucho que lo intentemos, no depende de nosotros. ¿Cómo vivimos para estar dispuestos a la muerte? Plenamente. Alegremente. Bondadosamente. Aferrados a lo que dura—fe, esperanza y caridad, escribe san Pablo, y la más grande de éstas es la caridad.

Para hacer y para conversar

En algún momento pronto, siéntense con su familia y hagan una "lista de estirar la pata". Es una lista de lo que quieres hacer antes de "estirar la pata". Pero también pueden hacer una lista de cosas que quieren hacer este verano o mientras sus hijos son pequeños. Una lista es otra manera de entrar en contacto con sus deseos más íntimos.

Oremos

Señor Jesús, al morir destruiste el poder
de la muerte de separarnos de todo lo que amamos.
Ayúdanos a vivir plenamente esta preciosa vida
para que cuando nos llegue el momento de pasar
de este mundo podamos alegremente saltar a tus brazos.
Te lo pedimos, Señor, haznos como tú.
Amén.

Martes: Quinto Semana de Cuaresma

Para reflexionar

¿Cómo se le explica el cielo a un niño? Hay una historia muy bonita de un párroco a quien un feligrés angustiado le preguntó por el cielo. Mientras estaban hablando, hubo un sonido chirriante en la puerta. El párroco abrió la puerta y su perro saltó, moviendo la cola y ladrando con entusiasmo. El párroco se volvió al feligrés y le dijo: "Ves, mi perro no sabía lo que había del otro lado de la puerta, excepto que su amo estaba aquí. No sabemos cómo es el cielo, pero sabemos que nuestro Señor está ahí, así que no deberíamos tener miedo de saltar alegremente al cielo cuando nos llegue la hora".

Para hacer y para conversar

¿Encontraron libros para niños sobre la muerte? (Ver las sugerencias en la página 22). A medida que se acerca la Semana Santa, será bueno tener esos libros a mano. No fuercen la pregunta, pero no tengan miedo de mencionar la muerte frente a sus niños. Si ellos perciben que está bien con ustedes les parece bien hablar de eso, lo tratarán menos como un tema prohibido.

Oremos

Señor Jesús, ayúdanos a vivir cada día de esta vida
para que estemos preparados para el cielo y
danos la gracia de confiar en que todo estará bien.
Te lo pedimos, Señor, haznos como tú.
Amén.

Miércoles: Quinto semana de Cuaresma

Para reflexionar

Hay tres cosas que necesitamos para vivir una buena vida cristiana y las tres están en la historia de Lázaro. La primera de ellas es la gracia. En la historia sobre Lázaro regresando a la vida, la gracia es cuando Jesús grita: "Lázaro, sal fuera". Jesús nos llama a cada uno a salir de las pequeñas tumbas en las que nos hemos estancado. Algunas veces es una tumba de ira, amargura o envidia—y Jesús nos llama a perdonar, a dejarlo ir y a seguir adelante. A veces es una tumba del miedo al cambio y Jesús nos llama a tener valor y a confiar en él. A veces es una tumba de adicción y malas costumbres—beber demasiado, comer demasiado, gastar demasiado, ver demasiada televisión, jugar a demasiados juegos electrónicos. Jesús nos llama fuera de la tumba a una vida plena, llena de gracia, bella.

Para hacer y para conversar

¿Dónde necesitas gracia? ¿Qué es lo que no está funcionando en tu vida familiar? ¿La economía? ¿La escuela? ¿El trabajo? ¿Una casa llena de cosas que no se siente como hogar? ¿Asuntos de peso? ¿Asuntos de salud? ¿Malas costumbres? A veces pensamos que sólo le podemos hablar a Jesús de las cosas grandes, como la paz mundial. Trata de traerle a Jesús "pequeños problemas" en la oración. Que cada uno de la familia diga dónde de verdad quieren la gracia para desatarse.

Oremos

Señor Jesús, tú llamaste a Lázaro fuera
de la tumba a una nueva vida por favor,
danos la gracia que necesitamos para vivir libres y felices.
Especialmente necesitamos ayuda para
(incluir aquí la necesidad especial)
te lo pedimos, Señor, haznos como tú.
Amén.

Jueves: Quinto Semana de Cuaresma

Para reflexionar

La segunda cosa que necesitamos para vivir una buena vida cristiana es la voluntad. La voluntad es cuando Lázaro responde a la llamada de Jesús a la gracia. ¿Has estado alguna vez tan cansado que dijiste que estabas "agotada"? Bueno, Lázaro estaba cansado hasta la muerte. Debe haber sido un tremendo acto de voluntad el levantarse y salir de esa tumba. Podría haber sido tentador quedarse ahí tumbado, descansando, en paz, sin más preocupaciones, sin más esfuerzos. Pero Lázaro tenía una voluntad que respondió a la gracia de la llamada de Jesús. Tanto si tienes una voluntad fuerte como si eres más bien pasivo, todos necesitamos entrenar nuestras voluntades para estar a tono con el deseo de Jesús para nosotros, para responder a la gracia.

Para hacer o hablar

¿Cómo entrenamos nuestras voluntades para hacer lo que quiere Jesús? Podemos empezar por reconocer nuestros propios deseos más íntimos. Nuestros deseos más íntimos nos los pone ahí Dios, pero a veces es difícil entrar en contacto con ellos. Nos distraen las exigencias diarias de la vida. Sigan trabajando en su lista de salida y piensen más sobre dónde necesitan ayuda para no estancarse. Oren juntos como familia pidiendo una voluntad presta a responder a la llamada de Jesús.

Oremos

Señor Jesús, así como llamaste a Lázaro de su tumba,
nos llamas a vivir una vida libre y alegre contigo.
Danos la voluntad de responder a tu llamada.
Te lo pedimos, Señor, haznos como tú.
Amén.

Viernes: Quinto Semana de Cuaresma

Para reflexionar

La gracia y la voluntad son dos de las tres cosas que necesitamos para vivir una vida cristiana. ¿Cuál es la tercera? Cuando Lázaro salió de la tumba, estaba envuelto en los sudarios que la gente del mundo antiguo usaba para cubrir a un difunto—casi como una momia. Jesús había devuelto a Lázaro a la vida así que sabemos que podía hacer cualquier cosa. Pero, ¿le quita él mismo los sudarios a Lázaro? No. Sin embargo, le dice a la gente: "Desátenlo y déjenlo ir". La tercera cosa que necesitamos en esta vida cristiana es una comunidad. Jesús nos llama y eso es gracia. Respondemos lo mejor que podemos, y eso es voluntad. Pero la vida cristiana no es sólo una llamada entre Jesús y yo. Es Jesús, la comunidad, la iglesia, el Cuerpo de Cristo y yo. Nos necesitamos mutuamente. Dios nos hizo de esta manera y Jesús vino a revelar que estamos aquí para ayudarnos unos a otros a vivir nuestra nueva vida.

Para hacer y para conversar

Al terminar esta semana, planifiquen la semana próxima—Semana Santa—con la comunidad. Esto llevará algo de preparación, como si fueras a salir de la ciudad por unos días. Saca algún tiempo este fin de semana para preparar las comidas, incluso sacar tareas escolares o trabajo de la oficina. Jesús nos llama a ser comunidad esta semana. Hagamos el tiempo.

Oremos

Señor Jesús, te damos gracias por las personas
que nos has dado para amar. Te damos gracias
por nuestra familia, nuestros amigos, nuestros vecinos y
nuestra comunidad eclesial. Ayúdanos a amarnos
unos a otros como tú nos has amado.
Te lo pedimos, Señor, haznos como tú.
Amén.

Oración

Oración al Ángel de la Guardia

En nuestra casa tenemos una invitación de huéspedes. No es grande, pero es donde duermen nuestros nietos cuando se quedan, y también los huéspedes ocasionales. Sobre la cómoda hay una combinación de lamparilla de noche y caja de música con pinturas de ángeles en la pantalla de la lámpara y cuando suena la música, la pantalla gira, creando una imagen de ángeles bailando en el techo. Más de una vez he oído a nuestros nietos dormirse cantando la melodía.

Espero que los ayude a sentirse seguros y, cuando sean mayores y su sueño esté turbado por temores de muerte y de las pequeñas muertes que son parte de nuestra vida, recuerden a los ángeles bailando en su techo.

Esta oración es una que han aprendido nuestros abuelos y quizá hasta nuestros tatarabuelos. Enséñensela a los niños para vencer el miedo de la noche.

Ángel de mi guarda
Dulce compañía
No me desampares
Ni de noche ni de día
No me desampares
Que me perdería.
Amén.

Página de entretenimiento

Enlace de palabras: Comprueben sus conocimientos de Cuaresma

Emparejen las palabras o frases.

Ayuno____	A. Dios mío, me pesa...
Limosna____	B. En el nombre del Padre
Oración____	C. Satanás
Lázaro____	D. Renunciar a comida o bebida
Samaria____	E. El hermano de Marta y María
Tentador____	F. Caridad con los pobres
Cenizas____	G. Dios te salve, María
Señal de la cruz____	H. Palestina del norte
Oración a la madre____	I. Los amigos de Jesús en Betania
Oración del Señor____	J. Levantar mentes y corazones a Dios
Acto de contrición____	K. Signo de arrepentimiento
Marta y María____	L. Padre nuestro, que estás en el cielo

Solución en la página 2

Semana Santa

EVANGELIOS DEL SEMANA SANTA

Evangelio del domingo de Ramos

MATEO 21:1–11

Jesús va en burro por las calles de Jerusalén y las multitudes agitan palmas y gritan, "¡Hosana al Hijo de David! ¡Bendito el que viene en nombre del Señor!"

Evangelio del Jueves Santo

JUAN 13:1–15

Jesús come la última cena con sus discípulos. Durante la cena, se arrodilla ante los discípulos, de uno en uno, y lava sus pies. Les dice: "Como yo lo he hecho con ustedes, así ustedes lo deben hacer unos con otros".

Evangelio del Viernes Santo

JUAN 19:1–42

La multitud grita, "¡Crucifícalo!" y Pilatos condena a Jesús a la muerte. Lleva su cruz al lugar llamado Gólgota (a veces llamado Calvario) donde fue crucificado junto con otros dos. Jesús murió en la cruz y sus amigos bajaron el cuerpo y lo colocaron en una tumba.

Evangelio del Sábado Santo

MATEO 28:1–10/MARCOS 16:1–7; LUCAS 24:1–12

Las amigas de Jesús van temprano a la tumba donde habían puesto su cuerpo y encuentran la tumba vacía. Corren y se lo cuentan a los otros discípulos y todos están confusos y temorosos porque no entienden aún que Jesús resucitaría de entre los muertos.

Domingo de Ramos/Domingo de Pasión

Para reflexionar

En nuestra parroquia el domingo de Ramos empezamos la misa fuera y entramos en procesión mientras todos agitan palmas y el coro dirige en el canto "Hosana al Hijo de David". Siempre es un poco caótico porque la gente trata de caminar y cantar y vigilar a sus hijos y por fin encontrar un sitio. Quizá precisamente por el caos, puede parecerse a una ocasión festiva, incluso si sabemos que la misma multitud que gritó "Hosana" en unos días gritará "¡Crucifícalo!". Es la naturaleza humana dejarse llevar de la multitud. Por eso es importante estar con el grupo adecuado en las situaciones adecuadas, y enseñar a nuestros niños a hacer lo mismo. Una multitud se reúne esta semana. Por todo el mundo, los cristianos se reúnen para celebrar la Semana Santa. Esta vez es buena idea unirse a la multitud.

Para hacer y para conversar

Planifiquen su semana cuidadosamente. Hay servicios muy especiales el Jueves, Viernes, Sábado y Domingo. Esta semana es como un retiro y es mejor si muchos de los detalles prácticos están resueltos de antemano. Preparen los vestidos y comidas que necesiten para la semana y tomen ventaja para planificar su celebración de pascua. Piensen en invitar a alguien que podría estar solo para la cena del Jueves Santo o del domingo de Pascua.

Oremos

Señor Jesús, enséñanos a ser fieles en el amor
por ti y constantes en nuestras relaciones con los demás.
Te lo pedimos, Señor, haznos como tú.
Amén.

Lunes de la Semana Santa

Para reflexionar

Vivimos en una pequeña granja con mucho espacio para que los niños jueguen y normalmente somos los anfitriones para las reuniones familiares. En Pascua tenemos una gran búsqueda de huevos de Pascua. Escondemos huevos de plástico, que usamos cada año, y ponemos un número en cada uno. Después de la búsqueda, sacamos un gran cesto lleno de premios numerados: paquetes de dulces, conejitos de chocolate, útiles de arte, juguetitos para los pequeños y un año una piñata que tuvo un gran éxito. Muchos de los premios tienen notas pegadas que instruyen al ganador a hacer algo: "Dirige al grupo en el salto del conejito..." "Intercambia el premio con alguien, pero no hagas llorar a nadie". (Esto fue después de que una niña de cinco años perdió su premio favorito). Dramatiza una pantomima de la historia de Jesús. El último ganador siempre tiene que dirigir al resto cantando con una grabación del Aleluya del Mesías de Handel.

Para hacer y para conversar

¿Cómo celebran ustedes la Pascua? Continúen preparando las comidas y los vestidos y otros detalles prácticos para el resto de la semana, incluyendo la celebración de la Pascua. No olviden invitar a alguien que pueda estar solo el Jueves Santo o el domingo de Pascua. Hoy o mañana también podrían hacer el Via Crucis o, si no lo han hecho ya, ir a confesar.

Oremos

Señor Jesús, un huevo es un símbolo de vida nueva y
en ti tenemos la promesa de vida para siempre.
Ayúdanos a creer en tus promesas.
Te lo pedimos, Señor, haznos como tú.
Amén.

Martes de Semana Santa

Para reflexionar

Yo no descubrí la iglesia hasta que tuve 21 años. Me criaron sin fe cristiana y me fascinó lo que descubrí y acepté el Bautismo de un carismático sacerdote jesuita después de sólo dos semanas de instrucción. (No había RICA en aquel tiempo). Como se pueden imaginar, era una católica muy novata. Varias semanas después de mi bautizo, vi en el boletín de la Iglesia el anuncio del horario del Triduo. Como descubrí más tarde, Triduo significa tres días. El Triduo Pascual comienza con la misa de la Cena del Señor del Jueves Santo por la tarde y termina al atardecer del domingo de Pascua. Cuando llegué a la iglesia el Jueves Santo, el sacerdote me dijo: "Haz lo que veas hacer a los demás ". Me conmovió mucho lo que vi, oí y olí durante esos días. Creo que quienes prestan mucha atención durante las celebraciones del Triduo pueden aprender casi cualquier cosa que quieran saber sobre ser seguidores de Jesús.

Para hacer y para conversar

Continuar con los preparativos de Pascua para poder participar plenamente en las celebraciones del Triduo. ¿Hacen cestos de Pascua para cada niño? ¿Compran algo nuevo para ponerse el domingo de Pascua?¿Compran comidas especiales para la comida de Pascua? Cuando salgan de compras, compren una veladora blanca o clara—la más alta que puedan encontrar—y algunos clavos. Hablaremos de eso un poco más tarde.

Oremos

Señor Jesús, Ayúdanos a prepararnos para la Pascua
dejando a un lado nuestras ocupaciones
para que podamos celebrar el Triduo como familia.
Que nos acerquemos más a ti y a todos los que te aman.
Te lo pedimos, Señor, haznos como tú.
Amén.

Miércoles de la Semana Santa

Para reflexionar

Hay gente que llama a este día el "Miércoles del espía" porque Judas se está preparando para traicionar a Jesús. ¿Por qué hacen cosas malas las personas buenas? La mayoría de las personas que gritaban "¡Crucifícalo!" probablemente no eran mala gente. San Pedro era un buen hombre y fue a quien Jesús eligió para dirigir su iglesia y sin embargo se condujo como un cobarde y negó a Jesús. Parece que Judas era un mal hombre, pero al final se arrepintió de traicionar a Jesús. Podríamos pensar que nosotros nunca traicionaríamos a Jesús ni lo negaríamos, pero si alguna vez hemos dejado de defender a alguien que estaba siendo tratado injustamente; si alguna vez hemos traicionado a alguien hablando mal de él o rompiendo una promesa, sabemos lo fácil que es hacer cosas malas.

Para hacer y para conversar

Hay muchas influencias de pecado en nuestro mundo—influencias que podrían llevarnos a nosotros o a nuestros hijos a hacer lo que no queremos hacer. El pertenecer a una comunidad eclesial nos puede ayudar a nosotros y a nuestros hijos en el camino de Jesús. Hagan lo que puedan hoy para que toda la familia pueda unirse a la comunidad eclesial en las celebraciones del Triduo que comienzan mañana por la noche. Cuenten el dinero que tienen en la hucha de limosnas. Nosotros ponemos lo nuestro en la colecta del Jueves Santo que, en nuestra parroquia, siempre es para una despensa de alimentos. Decidan quién recibirá su ofrenda y elijan un momento para llevarles el dinero.

Oremos

Señor Jesús, sentimos las veces en que no hemos estado del lado de otros o hemos traicionado a quienes confiaban en nosotros. Por favor, perdónanos te lo pedimos, Señor, haznos como tú.
Amén.

Jueves Santo

Para reflexionar

Esta noche es la celebración de la Misa de la Cena del Señor. Vayan y lleven a los niños. Dense cuenta de que ha desaparecido el morado de Cuaresma y hay un mantel blanco y flores. Al principio se cantará el Gloria, que anuncia el final de la Cuaresma y el comienzo del Triduo. Después de la homilía el sacerdote lavará los pies de algunos feligreses. Vean qué humilde parece el sacerdote arrodillado y recuerden que Jesús hizo lo mismo: esto es un símbolo del liderazgo cristiano, el liderazgo de un siervo. Después de la Comunión, puede haber una procesión con la Eucaristía al altar de la Reposición. Esto es una antigua costumbre cuando todo el pan eucarístico se saca de la iglesia y se apaga la lamparilla del sagrario en preparación para el solemne servicio mañana que recuerda la Pasión y Muerte del Señor. Siempre pienso en mi hijo mediano cuando tenía cinco años que, en este momento del servicio, le dijo a su abuela: "Siento como si todo el amor se hubiera ido de mi corazón".

Para hacer y para conversar

Cenen juntos hoy, incluso si la cena consiste en solamente sándwiches o pizza, pongan manteles y flores en la mesa. Coloquen su mejor recipiente de cristal con agua en la mesa, y lávense las manos unos a otros y séquenlas cuidadosamente con una toalla limpia. Díganle a sus hijos que es lo que el sacerdote hará esta noche a los pies de algunas personas. Asegúrense de que hacen la oración de bendición de la comida.

Oremos

Ven, Señor Jesús, se nuestro huésped y que bendice estos dones que nos concedes. Y Señor, oramos especialmente en esta noche en que recordamos tu Última Cena, Señor, haznos como tú.

Amén.

Viernes Santo

Para reflexionar

El servicio de hoy se llama la celebración de la Pasión del Señor. La solemnidad y el sentido de oración de la comunidad impresionarán incluso a los más pequeños. Después de la lectura, que incluye el relato de la crucifixión de Jesús según san Juan, se colocará una cruz para la veneración de todos, para honrarla. Puedes venerar la cruz haciendo una inclinación, una genuflexión, besándola o tocándola con reverencia. Todos veneran la cruz—pecadores y casi santos, jóvenes y viejos, ricos y pobres. La cruz es algo que todos tenemos en común. Todos sufrimos. Todos perdemos a seres queridos. Todos morimos.

Para hacer y para conversar

Incluso los más pequeños son conscientes de la muerte y tienen preguntas. No evada esas preguntas. Deje que los niños expresen sus preocupaciones y respóndales con verdad. Quizá pueda leerles a los niños alguno de los libros sobre la muerte (vean la página 22) y hoy recuerden en la oración a alguien que ha muerto de entre sus seres queridos, incluyendo las mascotas. Hoy es un día de ayuno, recuerden las reglas en la página 8.

Oremos

Señor Jesús, te damos gracias por morir
por nosotros y por hacer de la muerte
un comienzo de la nueva vida en el cielo contigo.
Bendice a quienes han muerto (nombres)
y diles que los amamos.
Te lo pedimos, Señor, haznos como tú.
Amén.

Sábado Santo

Para reflexionar

Una vez, después de la Vigilia Pascual, un feligrés me dijo lo triste que estaba porque, en sus 70 años de católico, nunca había estado en la Vigilia Pascual y sólo había venido esta vez porque le pidieron que patrocinara a alguien que iba a recibir el Bautismo. Dijo que nunca más se la iba a perder. Sí, la Vigilia Pascual es larga—por lo menos más larga que la media de una misa de domingo—y quizá un poco demasiado larga para niños pequeños. Cuando mis niños eran muy pequeños, los llevábamos en pijama a la primera parte del servicio: la liturgia de la luz. El estar en una iglesia a oscuras iluminada solamente por las lucecitas de los presentes y escuchar la Proclamación cantada de la Pascua impresiona incluso a los más pequeños. Si se empiezan a inquietar, llévenlos a casa antes de la Liturgia de la Palabra. Después de escuchar las lecturas del Antiguo Testamento, cantamos el Aleluya por primera vez desde que empezó la Cuaresma para anunciar el Evangelio de la resurrección. Si sus niños están todavía despiertos, quédense al Bautismo y recepción de los nuevos miembros de la iglesia y para este momento, ya casi habrán terminado.

Para hacer y para conversar

En algún momento del día de hoy, encuentren un cirio y los clavos que compraron y creen un cirio pascual para su hogar. Decórenlo con cinco clavos que representan las llagas de Cristo, colocados en forma de cruz. Cuando oren antes de la cena hoy, tracen una cruz sobre el cirio y hagan la oración que se indica más abajo. Asegúrense de dormir una siesta y coman bien. Luego, vayan a la iglesia.

Oremos

Por sus llagas, santas y gloriosas que nos proteja
y mantenga el que es Cristo, el Señor.
Te lo pedimos, Señor, haznos como tú.
Amén.

Oración

El Credo de los Apóstoles

Yo dirijo un grupo que llamamos el Coro Cristiano Combinado—más de cien componentes de congregaciones cristianas en nuestro pueblo. Lo que tenemos en común es el Credo de los Apóstoles, llamado así porque se considera un verdadero resumen de la fe de los primeros apóstoles. Cantamos una versión de este credo que es tan rítmica, moderna y alegre que es difícil creer que data de tantos siglos.

Éste no es el Credo que proclamamos en la Misa—ése es el Credo de Nicea, que se promulgó en el año 325. El Credo de los Apóstoles es una parte de la oración del rosario. Es bueno aprender de memoria los dos (aunque tengo que confesar que yo fácilmente me paso de uno al otro). Proclamen el Credo como una expresión alegre de nuestra fe, hecha posible por los acontecimientos que recordamos y celebramos en esta semana.

Creo en Dios Padre Omnipotente
Creador del cielo y de la tierra.
Creo en Jesucristo, su único Hijo, Nuestro Señor.
Que fue concebido por obra y gracia del Espíritu Santo
Y nació de Santa María, Virgen.
Padeció bajo el poder de Poncio Pilato
Fue crucificado, muerto y sepultado
Descendió a los infiernos
Al tercer día resucitó de entre los muertos
Ascendió a los cielos
Y está sentado a la diestra de Dios Padre
Desde allí ha de venir a juzgar a los vivos y los muertos.
Creo en el Espíritu Santo, la santa Iglesia católica
La comunión de los santos, el perdón de los pecados
La resurrección de la carne, y la vida eterna.
Amén.

Página de entretenimiento

Huevos revueltos

Ya llega el momento de buscar los huevos escondidos. Ahora, para divertirnos, busca la palabra correcta.

ACPSAU ______________________________

UHVOE ______________________________

HOOCCALTE ______________________________

SLUDEC ______________________________

JTOICONE ______________________________

TCOSE ______________________________

ROAGR ______________________________

SESJÚ ______________________________

CUBAS ______________________________

YALEULA ______________________________

ROLII ______________________________

CITAREUSOD ______________________________

Solución en la página 2

Domingo de Pascua

EVANGELIO: JUAN 20:1–9

El primer día de la semana, muy temprano, cuando todavía estaba oscuro, María Magdalena va al sepulcro y observa que la piedra está retirada del sepulcro.

Llega corriendo a donde estaban Simón Pedro y el otro discípulo, el que era muy amigo de Jesús y les dice:

Se han llevado del sepulcro al Señor y no sabemos dónde lo han puesto.

Salió Pedro con el otro discípulo y se dirigieron al sepulcro. Corrían los dos juntos; pero el otro discípulo corría más que Pedro y llegó primero al sepulcro. Inclinándose, vio las sábanas en el suelo, pero no entró.

Después llegó Simón Pedro, que le seguía y entró en el sepulcro. Observó los lienzos en el suelo y el sudario que le había envuelto la cabeza no en el suelo con los lienzos, sino enrollado en lugar aparte.

Entonces entró el otro discípulo, que había llegado primero al sepulcro; vio y creyó. Todavía no habían entendido que, según la Escritura, él debía resucitar de entre los muertos.

Oración

Ven Espíritu Santo

Recuerdo muy bien mi primera Pascua como católica. Después de una Cuaresma y Semana Santa muy intensas, salí de Misa el domingo de Pascua sintiéndome un poco decaída y preguntándome, "Bueno, Jesús ha resucitado. ¿Y yo qué?" Me imagino que así se sentirían los primeros discípulos: solos y confundidos después de la compañía diaria de su amigo y maestro Jesús.

La Pascua puede traer un cierto alivio: ¡Ya se puede comer chocolate otra vez!, pero también puede ser una desilusión salir de este tiempo de renovación espiritual. Lo que descubrí después mi primer domingo de Pascua fue que el tiempo de Pascua dura 50 días y culmina en la fiesta de Pentecostés, la celebración del envío del Espíritu Santo. Aprendan de memoria esta oración al Espíritu Santo y díganla a menudo durante este tiempo. A lo mejor los distintos miembros de la familia pueden turnarse para dirigirla. No olviden encender su cirio pascual.

Líder *Ven Espíritu Santo, llena los corazones de tus fieles*

Todos **Y enciende en ellos el fuego de tu amor.**

Líder *Envía, Señor, tu Espíritu y serán creados*

Todos **Y renovarás la faz de la tierra.**

Líder *Oremos*

Todos **O Dios, que has guiado los corazones de tus fieles con la luz del Espíritu Santo concédenos que, por el don de ese mismo Espíritu Seamos siempre verdaderamente sabios y siempre nos gocemos en tu consuelo. Por Cristo nuestro Señor.**
Amén.

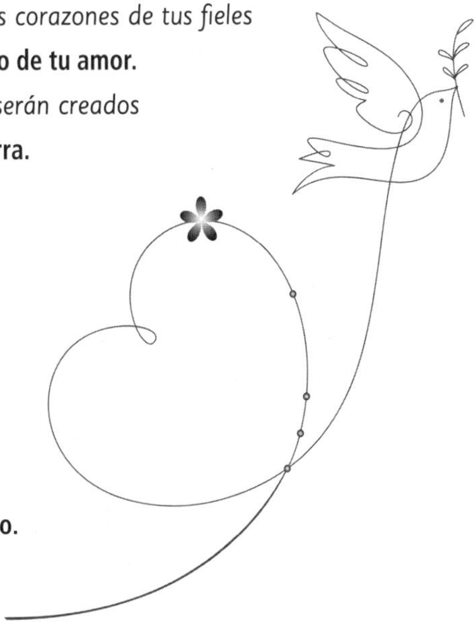

Página de entretenimiento

Colorea por números: Crea un color glorioso

¿Han visto alguna vez El Mago de Oz? Cuando Dorothy está en Kansas, la imagen está en blanco y negro, pero en cuanto llega a Oz todo se vuelve de colores gloriosos. Eso es lo que ocurre cuando entendemos que Jesús ha resucitado de entre los muertos. En lugar de vivir vidas en blanco y negro, todo a nuestro alrededor es más brillante y lleno de vida. Ahora tú puedes añadir el único color que tiene este librito.

1. Amarillo
2. Rojo
3. Azul
4. Verde
5. Anaranjado
6. Morado